호텔관광마케팅

김성용 저

Hotel & Tourism Marketing

기문사
www.kimoonsa.co.kr

머리말

글로벌화(globalization), SNS(Social Network Service)의 일반화 등 빠르게 변화하는 정보통신기술의 발전, 개인 소득증대로 인한 생활수준의 향상으로 소비자들의 욕구가 다양해지면서 기업들은 다양한 소비자들의 욕구를 충족시키기 위한 방법을 찾기 위해 고민하고 있다.

이로 인해 단순생산이나 판매개념을 넘어서서 고객에게 초점을 맞춘 마케팅 개념이 대두되었으며 현재, 우리가 살아가고 있는 시대를 마케팅의 시대라고 할 만큼 모든 분야에 있어서 마케팅의 중요성은 점점 커지고 있다.

또한, 우리의 일상생활에서도 이전에는 존재하지 않았던 새로운 서비스의 출현 등으로 새로운 개념의 마케팅들이 생겨나고 있다. 이러한 마케팅 환경하에서 본서는 마케팅의 기본개념뿐만 아니라 향후 가장 유망한 산업 중 하나인 호텔관광산업과 관련된 마케팅 내용 및 사례를 담고 있다.

위에서 언급한대로 호텔관광산업은 앞으로 가장 유망한 산업 중 하나로서 석유산업, 자동차산업과 함께 그 규모가 가장 큰 산업 중 하나이다. 또한, 정보통신산업의 발전, 교통산업의 발전, 글로벌화의 가속화 등으로 인하여 향후 호텔관광산업은 지금보다 훨씬 그 규모가 성장할 것이다.

호텔관광산업을 둘러싸고 있는 이러한 환경 속에서 호텔관광마케팅의 비중이 더욱 커져가고 있는 이유는 대부분의 호텔관광상품이 유사하기 때문에 서비스와 마케팅의 중요성이 증가하고 있기 때문이다. 많은 호텔관광기업들은 다른 경쟁기업과의 치열한 경쟁에서 핵심역량을 개발하여 경쟁우위를 확보하고 확보한 경쟁우위를 계속 유지하기 위하여 기업의 마케팅과 관련된 부분에 많은 자원을 투입하고 있으며 이러한 경향은 앞으로도 계속 증가할 것이다.

호텔관광마케팅에 있어서 중요한 점은 호텔관광상품이 일반제품과는 다른 여러 가지 고유한 특성을 가지고 있기 때문에 이러한 특성을 제대로 파악하여 마케팅전략을 수립하여야 한다는 점이다.

위에서 언급한대로 호텔관광마케팅은 다른 일반제품의 마케팅과는 다른 여러 가지 특성을 가지고 있기도 하지만 마케팅의 기본 개념 및 실행과정에 있어서 동일하거나 거의 유사한 부분도 많이 있기 때문에 호텔관광마케팅의 이해를 위해서는 마케팅의 기본적인 개념을 이해하는 것이 선행되어야 한다.

또한, 가속화되고 있는 디지털 경제로의 전환으로 인한 유통경로의 변화, 소비자욕구의 다양성 등 전통적인 마케팅 개념에 여러 가지 변화가 일어나고 있는데 이러한 개념들을 이해하고 급변하는 경영환경하에서 미래를 대비하는 것도 필요한 점이라고 할 수 있다.

본서는 마케팅의 이해, 호텔관광 마케팅의 이해, 글로벌화와 호텔관광 마케팅, 호텔관광 마케팅 환경, 호텔관광 마케팅 전략, 내부 마케팅, 호텔관광 시장세분화, 호텔관광 표적시장, 포지셔닝, 호텔관광 제품전략, 호텔관광 가격전략, 호텔관광 유통전략, 호텔관광 촉진전략, 국제호텔관광 마케팅 전략으로 구성되어 있다.

2012년 1월

저자 씀

C·o·n·t·e·n·t·s

차례

Chapter » 09 호텔관광 제품전략

Chapter » 10 호텔관광 가격전략

Chapter » 13 국제호텔관광 마케팅 전략

Chapter 01

마케팅의 이해

Chapter 01 마케팅의 이해

스마트폰의 일반화와 빠르게 발전하는 정보통신기술의 혁신과 개인의 소득증대로 인한 생활수준의 향상으로 인해 소비자들의 욕구가 다양해지면서 기업들은 경제성을 추구하는 동시에 다양한 소비자들의 욕구를 충족시키기 위한 방법이 필요하게 되었고 이로 인해 단순생산이나 판매개념을 넘어선 고객지향적 마케팅 개념이 대두되었다. 또한, 정보통신 기술을 기반으로 하고 있는 디지털경제로(digital economy)의 전환, 국가 간의 국경의 개념이 점점 약해지고 있는 글로벌화의 가속화, 서비스 산업의 비중 증가 등으로 인하여 호텔관광기업을 포함한 모든 기업들의 마케팅(marketing)과 관련된 경쟁은 더욱 치열해지고 있으며 그 중요성도 더욱 커져가고 있다고 할 수 있다.

특히 호텔관광산업은 석유산업, 자동차산업과 함께 가장 규모가 큰 산업 중 하나로서 앞으로도 성장속도가 빠르게 진행될 것으로 예측되고 있을 뿐만 아니라 글로벌화(globalization)로 인하여 국제관광이 일반화되면서 다른 산업에 비해서 마케팅의 중요성이 더욱 부각되고 있는 산업 중 하나라고 할 수 있다. 이렇게 빠르게 변화하는 정보통신기술의 발전과 더불어 글로벌경영환경이 급속히 변화하면서 마케팅의 중요성은 점점 더 커지고 있는데 본 장에서는 마케팅의 기본적인 개념과 발전과정 및 향후 전망에 대해서 살펴보고자 한다.

1 | 마케팅의 개념

현재 우리가 살아가고 있는 시대를 마케팅의 시대라고 할 만큼 모든 분야에 있어서 마케팅의 중요성은 점점 증가하고 있다. 특히 글로벌화와 스마트폰의 일반화를 통해서 이전에 기업이나 소비자들이 경험하지 못했던 여러 서비스들이 생겨나면서 모바일 마케팅의 비중과 중요성이 증가하고 있는 상황이라고 할 수 있다. 이러한 여러 다양한 요인들로 인해서 경영환경이 급변하기 때문에 기업의 입장에서는 마케팅이 더욱 중요한 기능 중 하나로 자리 잡아가고 있으며 이러한 현상은 앞으로도 지속될 것으로 예상된다.

1) 마케팅 관련 기본개념

마케팅(marketing)의 정의를 살펴보기 전에 마케팅과 관련된 기본개념들로는 시장, 필요와 욕구, 교환, 제품과 서비스, 고객가치와 만족 등을 들 수 있으며 각각의 개념들의 설명은 아래와 같다.

[그림 1-1] 마케팅의 핵심개념

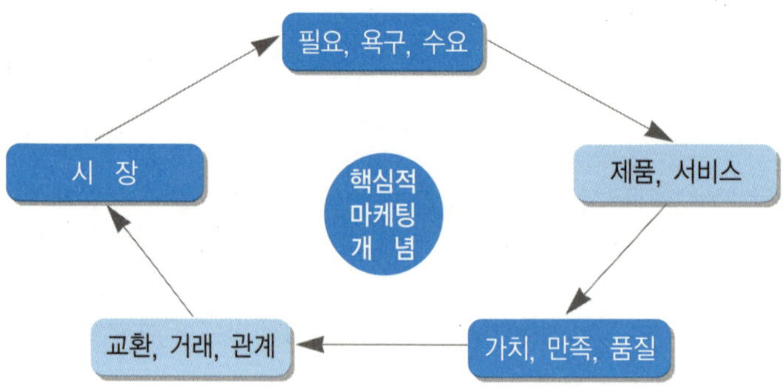

자료 : Philip Kotler and Gary Armstrong, Principles of Marketing, 9th ed., Prentice-Hell, Inc., 2001, p. 6.

(1) 시장

시장(market)은 여러 가지 의미를 가지고 있는 중요한 개념이라고 할 수 있다. 시장은 물품의 매매가 이루어지는 교환의 장소인 동시에 같은 필요와 욕구를 충족시켜주는 제품들의 집합체이기도 하다. 또한, 제품거래를 광범위하게 수행하는 사람들과 조직체의 집합체라고도 볼 수 있으며 마케팅에서는 이들을 통합한 의미로 시장을 정의하고 있다. 최근에는 소비자들의 인터넷 및 스마트폰 사용의 일반화로 인하여 오프라인 시장의 개념뿐만 아니라 온라인 시장의 개념이 중요한 부분이라고 할 수 있다.

(2) 필요와 욕구

마케팅은 인간의 필요와 욕구를 이해하는데서 시작된다고 할 수 있는데, 인간이 가지는 필요(need)란 '어떤 기본적인 만족이 결핍된 상태'를 의미하는데 예를 들어 배가 고플 때에는 음식을 필요로 하고 날씨가 추우면 의복을 필요로 한다. 한편, 욕구(want)란 '필요를 충족시켜줄 수 있는 구체적인 수단에 대한 바람'을 의미하는 것으로 예를 들어 배고픔을 해소시켜줄 수 있는 수단에는 불고기, 설렁탕, 김밥, 라면 등 여러 가지가 있는데 이들 구체적인 수단에 대한 바람을 의미한다.

(3) 교환

소비자와 기업들은 서로 제품과 현금의 교환을 통해 각각의 목적인 기업의 이윤추구와 소비자의 욕구충족을 달성하게 된다. 이처럼 교환은 마케팅의 핵심적인 개념으로서 원하는 대상물을 대가를 제공하고 그 소유자로부터 획득하는 행위를 의미한다. 교환이 있기 때문에 우리는 각자 자신이 원하는 모든 제품이나 서비스를 생산할 필요가 없고 자신이 산출한 생산물을 다른 사람들이 산출한 생산물과 교환하여 필요한 것들을 획득하는 것이다.

(4) 제품과 서비스

제품과 서비스는 마케팅 주체가 교환을 위해 시장에 제공하는 것으로서, 인간의 필요와 욕구를 충족시키기 위해 필수적인 부분이라고 할 수 있다. 여기서 제품이란 유형의 재화는 물론, 무형의 서비스, 아이디어, 장소, 사람 등 인간의 욕구를 충족시키기 위해 시장에 제공될 수 있는 모든 것이 포함된다.

(5) 고객가치와 만족

고객가치(customer value)란 제품이나 서비스로부터 고객이 얻기를 기대하는 혜택과 그것을 얻기 위해 소요되는 비용 간의 차이를 말한다. 만족(satisfaction)이란 소비자가 제품사용에서 느끼게 되는 심리적 충만감을 말하며 기대했던 것보다 실제 성과가 좋으면 만족도는 크게 증가한다.

최근 대부분의 기업들이 고객만족도 최대화를 위한 고객만족지향 마케팅에 역점을 두고 있다.

2) 마케팅의 정의

마케팅에 대한 정의는 1960년 미국마케팅협회(AMA : American Marketing Association)에서 처음 공식적으로 제기되었으며 여러 가지 환경의 변화와 학문적으로 마케팅이 발전하는 과정에서 마케팅에 대한 정의도 변화를 가져왔다. 현재, 가장 일반적으로 사용되고 있는 마케팅에 대한 정의는 1985년 미국마케팅협회에서 발표한 아래와 같은 정의이다.

마케팅이란 개인과 조직의 목표를 만족시켜주는 교환을 창조하기 위하여 아이디어, 재화, 서비스에 대한 개념, 가격, 촉진, 유통을 계획하고 집행하는 과정이다.

> Marketing is the process of planning and executing the conception, pricing, promotion, and distribution of idea, goods, and services to create exchange that satisfy individual and organization objectives.

2 | 마케팅 개념의 발전과정

마케팅 개념의 발전과정은 생산개념, 제품개념, 판매개념, 마케팅 개념, 사회적 마케팅 개념의 다섯 단계의 발전과정을 보이고 있다.

[그림 1-2] 마케팅 개념의 발전과정

1) 생산개념

제품의 공급이 수요에 비해 부족한 시장환경에서는 제품은 만들기만 하면 판매가 된다거나 소비자들에게 저렴한 가격으로 원하는 만큼 구매할 수 있게 해주는 것이 마케팅의 중요한 기능 중 하나라고 생각하는 견해가 나타나게 된다.

이와 같이 소비자들의 수요와 욕구충족을 위해 생산성의 향상과 원가절감에 초점을 맞추어야 한다는 생산지향적인 마케팅 이념을 생산개념(production concept)이라고 한다. 이러한 상황에서는 기업들이 우선적으로 생산을 증가시킬 수 있는 방법을 찾는데 주력하게 된다.

2) 제품개념

제품개념(product concept)은 소비자들이 우수한 품질의 제품을 선호할 것으로 보고 최고 품질의 제품생산에 주력하는 제품지향적 마케팅 이념을 의미한다.

제품개념에 입각한 기업의 시장활동은 기본적으로 잘 만들어진 우수한 제품은 소비자들의 만족도가 상당히 높을 것이라는 가정 하에 이루어지며, 그렇기 때문에 이러한 기업의 마케팅 활동은 기업의 연구개발부서에서 제품을 개발하고 생산부서에서 생산된 제품을 시장에 판매만 하는 것이다.

3) 판매개념

판매개념(selling concept)이란 판매기능을 가장 중요시하는 기업의 이념으로 이러한 기업은 어떤 제품이든 충분한 판매노력을 기울이면 판매량을 늘릴 수 있고, 소비자들은 기업이 많은 판매와 촉진활동을 하지 않으면 많은 구매를 하지 않는다고 가정한다. 따라서 판매개념을 중요시하는 기업들은 판매와 촉진활동에 초점을 맞추게 되는데 이 개념이 주장하는 근거는 소비자들에게 판매 및 촉진활동을 하지 않으면 제품의 존재를 알지 못하며 많이 구입하지 않는다는 것이다. 이와 같이 소비자 중심이 아닌 판매자 중심의 시장 개념에 따라 활동하는 기업은 판매 자체가 목적이기 때문에 소비자의 구매 후 만족 여부에는 관심을 가지는 것이 어렵다.

4) 마케팅 개념

마케팅 개념(marketing concept)은 판매개념 다음에 나타난 개념으로서 기업의 목표달성 여부는 시장에 있는 소비자의 욕구를 파악하고 이들에게 만족을 전달해 주는 활동을 얼마나 경쟁자보다 효율적으로 수행할 수 있느냐에 달렸다고 보는 이념을 의미한다.

판매개념과 마케팅 개념의 차이점은 판매개념은 판매자의 욕구에 초점이 맞추어져 있지만 마케팅 개념은 구매자의 필요와 욕구에 초점을 맞춘다는 점이다. 다시 말하면, 판매지향적 기업은 제품을 현금으로 바꾸려는 판매자의 욕구에 초점이 맞추어져 있는 반면, 마케팅 개념에 입각한 기업은 제품의 생산, 유통, 소비와 관련된 모든 활동에 있어서 소비자의 필요와 욕구를 만족시키는데 초점을 두고 있다는 것이다. 또한, 마케팅 개념은 제품생산에서부터 유통, 판매 후 관리까지 통합적 마케팅을 통해 소비자들의 필요와 욕구를 최대한 충족시키는 것을 마케팅 활동에 있어서 가장 중요한 과제로 본다.

5) 사회적 마케팅 개념

사회적 마케팅 개념(societal marketing concept)은 소비자들의 단기적인 욕구와 만족을 충족시키는 것도 중요하지만 사회 전체적인 이익과 복지의 증진도 매우 중요하다고 보는 마케팅 이념을 의미한다. 최근, 기업들은 기업을 둘러싸고 있는 여러 가지 환경의 변화들로 인하여 마케팅 활동의 의사결정 시 사회의 관심사를 함께 고려해야 할 필요가 있게 되었는데, 이렇게 사회적 마케팅 개념에 입각한 기업은 기업의 이윤추구, 소비자의 필요 및 욕구충족과 더불어 사회 전체의 이익과 복지도 조화롭게 고려해야 할 것이다.

최근, 자연환경문제를 고려해서 공해를 줄이는 제품생산과 기업의 공해방지시설 설치 등을 강조하는 그린 마케팅(green marketing) 등도 사회적 마케팅 개념의 한 예라고 할 수 있다.

3 | 마케팅 믹스

마케팅 믹스(marketing mix)란 마케팅 프로그램과 전략개발을 위해 사용할 수 있는 통제가능한 마케팅 도구들의 집합을 말하며, 마케팅 믹스의 결과로 얻어진 최종의사결정의 내용을 마케팅 프로그램(marketing program)이라고 한다.

고객의 욕구를 충족시켜주는 교환을 창출하기 위해서는 마케팅 전략을 수립하고 그에 따라 마케팅 활동을 수행해야 하는데, 마케팅 전략의 핵심은 표적시장을 선정하고 그 시장의 고객욕구를 충족시키는 마케팅 믹스를 개발하는 것이다. 마케팅 믹스는 제품(product), 가격(price), 유통(place), 촉진(promotion) 등 네 가지 요소로 구성되며 모두 영어 알파벳 'P' 로 시작되기 때문에 4P' s 라고도 한다.

마케팅 믹스의 구성요소들 상호 간에는 서로 영향을 미치게 되며 이들 4개의 요소를 어떻게 조합하느냐에 따라서 마케팅 성과는 많은 차이를 나타낼 수 있다.

[그림 1-3] 마케팅 믹스의 4P 요소

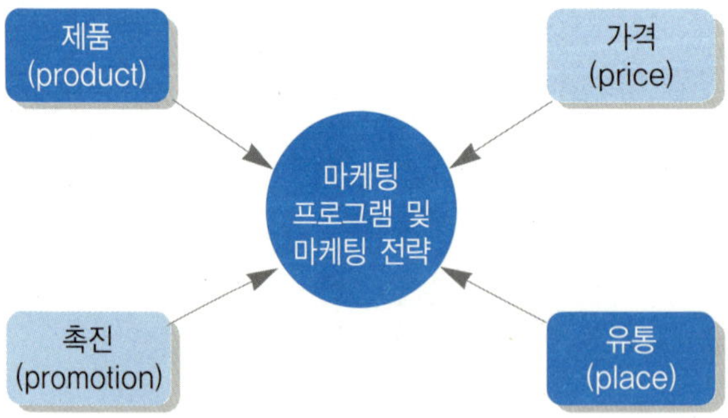

1) 제품

제품(product)은 교환을 위해 시장에 제공되는 제품, 서비스, 아이디어, 장소 등 교환제공물로서 품질, 기능, 디자인, 브랜드 등 제품의 구성요소들이 마케팅 믹스 전략의 도구로 사용된다.

2) 가격

가격(price)은 제품의 거래조건을 구성하는 것으로서 제품과 서비스의 효용 및 가치를 금액으로 표시한 것이라고 할 수 있다.

3) 유통

유통이란 생산된 제품이나 서비스를 소비자에게 이전하는 과정을 의미하며, 유통경로(channel of distribution)란 제품이나 서비스를 생산자로부터 소비자에게 이전되는 과정에 거치게 되는 경로를 의미하는 것으로, 이 과정에 참여하는 모든 개인 및 조직의 집합체로 구성된다.

유통(place)은 유통기관, 유통경로, 유통방식 등이 전략수단으로 사용된다.

4) 촉진

촉진(promotion)은 소비자와 커뮤니케이션을 하기 위해 사용하는 수단들인 광고, 판매촉진, 인적판매, 홍보 등이 마케팅 믹스 전략의 수단으로 작용된다.

[표 1-1] 전통적 마케팅 믹스

제 품	유 통	촉 진	가 격
· 물리적 제품특성 · 품질수준 · 액세서리 · 포장 · 품질보장 · 제품계열 · 브랜드	· 유통경로 형태 · 노출 · 중간상 · 유통점포업자 · 운송 · 보관 · 유통관리	· 인적판매(숫자, 선발, 훈련, 인센티브) · 광고(표적시장, 매체선정, 광고형태, 카피)	· 유연성 · 가격수준 · 기간 · 차별화 · 할인 · 무료

자료원 : Zeithmal, Valarie A. and Mary Jo Bitner(1996), Services Marketing, New York : The McGrow-Hill Co., p.25

Chapter 02

호텔관광 마케팅의 이해

Chapter 02
호텔관광 마케팅의 이해

1 | 서비스 마케팅의 이해

1) 서비스의 이해

마케팅에서 서비스에 관한 연구는 1960년대 초반부터 시작되었으며 연구 초기에는 제품과 서비스의 특성비교를 통한 연구가 진행되었다. 그 후, 1970년대와 1980년대에 서비스의 특성 및 서비스마케팅의 적용에 관한 연구가 활발하게 이루어졌으며, 1990년대부터는 보다 체계적으로 서비스에 대한 이론과 전략적인 측면에서 많은 연구가 이루어지고 있다.

(1) 서비스의 개념

미국마케팅학회(AMA : American Marketing Association)는 서비스를 "판매를 위해 제공되거나 판매와 연계되어서 제공되는 모든 활동, 편익, 만족"이라고 정의하였다.

[그림 2-1] 제품의 유형성 스펙트럼

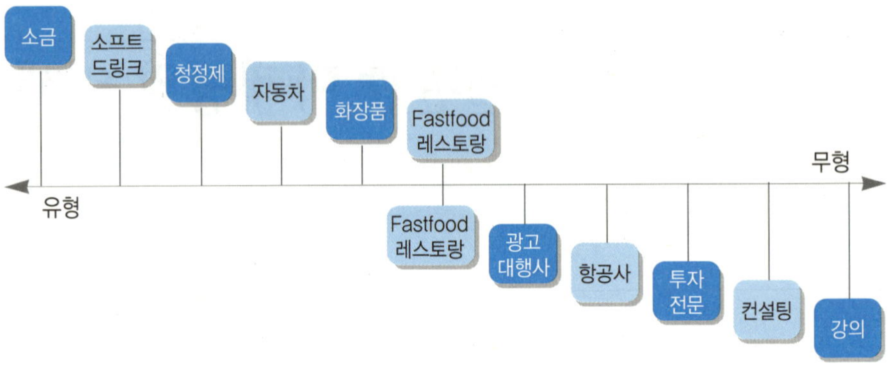

(2) 서비스의 분류

서비스를 분류하는 것은 여러 가지 측면에서 장점이 있을 수 있는데 먼저, 잘 분류된 체계는 특정 서비스를 이해하는데 큰 도움을 주어 분류된 서비스들 간의 유사점과 차이점을 조명할 수 있게 한다. 이렇게 유사점과 차이점을 조명할 수 있게 되면 기업의 입장에서 마케팅 전략을 수립하는데 크게 도움이 될 수 있을 뿐 아니라 고객의 입장에서도 서비스를 이용하는데 더 많은 정보를 획득하여 더 좋은 품질의 서비스를 제공받을 수 있게 된다.

한편, 서비스의 분류에 관한 연구는 마케팅에서 다양한 연구를 통하여 서비스 분류체계가 개발되어져 왔는데 서비스에 대한 분류는 Judd(1964)에 의하여 최초로 시도되었고 이후, Rothmell(1974), Shostack(1977), Hill(1977), Thomas(1978), Chase(1978), Kotler(1980), Lovelock(1980) 등에 의해서 지속적으로 연구가 이어져 왔으며 연구자들의 분류기준과 관련된 내용은 다음과 같다.

[표 2-1] 서비스 분류에 대한 연구

학 자	분류기준
Judd(1964)	-임대된 상품서비스(일정기간동안 상품을 소유하고 사용할 권리를 가짐) -소유된 상품서비스(고객이 자신이 보유한 상품을 유지 · 보수) -비상품적인 서비스(개인적 경험 · 경험적 소유)
Rothmell(1974)	-판매자유형 -구매자유형 -구매동기 -구매형태 -규제정도
Shostack(1977)	각 제공물 단위에 포함되어 있는 물리적인 제품과 무형적인 서비스의 비율
Hill(1977)	-사람에게 영향을 주는 서비스 vs 사물에 영향을 주는 서비스 -서비스의 영원한 효과 vs 일시적 효과 -이러한 효과의 전환가능성 vs 비전환가능성 -물질적 효과 vs 정신적 효과 -개별적 서비스 vs 집단적 서비스
Thomas(1978)	-기본적으로 설비중심의 서비스 -자동화 서비스(자동차 세차) -미숙련 작업자에 의해 운영되는 서비스(영화관) -숙련 작업자에 의해 운영되는 서비스(비행기) -기본적으로 사람중심의 서비스 -미숙련 노동(잔디깎기) -숙련 노동(수선업무) -전문가(변호사, 의사)
Chase(1978)	서비스 제공에서 요구되는 대고객접촉의 정도 -높은 수준의 접촉(의료, 호텔, 레스토랑) -낮은 수준의 접촉(우편, 도매)
Kotler(1980)	-사람중심 vs 설비중심 -고객의 참여가 필요한 정도 -개인의 욕구충족 vs 기업의 욕구충족 -영리추구 vs 비영리추구, 공적 vs 사적

Lovelock(1980)	-수요의 기본적 특성 -서비스 대상(사람 vs 사물) -수급불균형의 정도 -고객과 서비스 제공자 사이의 단절적 vs 지속적 관계 -서비스의 내용과 효익 -물리적 제품의 포함 정도 -개인적 서비스의 포함 정도 -단일서비스 vs 서비스의 묶음 -서비스의 제공절차 -복수입지 vs 단일입지 서비스제공 -서비스 역량의 배분(예약 vs 선착순) -독립적 소비 vs 집합적 소비 -정해진 시간에 따른 거래 vs 정해진 과업에 따른 거래 -서비스 제공 동안에 고객이 참여해야 하는 정도

자료 : Lovelock, Chrostopher H.(1983), "Classfying Services to Gain Strategic Marketing Insight," Journal of Marketing, 47(Summer), p.11.

(3) 서비스의 특성

서비스는 여러 특성을 가지고 있는데, 대표적인 특성으로 무형성, 이질성, 소멸성, 생산과 소비의 동시성 등을 들 수 있으며 각각의 특성과 관련된 설명은 다음과 같다.

가) 무형성

무형성(intangibility)은 서비스의 특성 중 가장 대표적인 특성으로 일반제품들은 구매 이전에 소비자들이 제품을 시험해보거나 만져볼 수 있지만 서비스는 무형적인 특성을 가지고 있기 때문에 미리 시험해 보거나 만질 수 없다. 예를 들면 여행사의 관광상품의 경우 소비자들은 브로슈어나 관광가이드들의 경험효과 등을 통해서만 제한적으로 정보를 접할 수 있다.

나) 이질성

이질성(heterogeneity)이란 소비자가 어떤 서비스를 선호해서 그 서비스를 구매할 때 제공되는 서비스의 품질수준이 항상 일정할 수 없다는 의미이다.

다) 소멸성

소멸성(perishability)이란 서비스는 일반제품과는 달리 재고에 대해서 저장이 불가능하다는 의미이다.

예를 들어, 일반제품 같은 경우는 재고에 대해서 저장이 가능하기 때문에 오늘 판매가 되지 않으면 그 다음날 판매하는 것이 가능하지만 항공사의 좌석이나, 호텔의 객실과 같은 서비스는 저장했다 수요가 있을 때 다시 판매하는 것이 불가능하다.

라) 생산과 소비의 동시성

생산과 소비의 동시성(inseparability)이란 서비스의 생산과정에서 소비가 동시에 이루어지는 것을 의미하는데 제품의 경우는 생산이 먼저 되고 나중에 판매될 수 있지만 서비스는 서비스의 제공과정에 서비스를 제공받는 고객이 존재해야 한다.

[표 2-2] 서비스의 특성, 문제점 및 마케팅 주안점

제품	서비스	문제점	마케팅 주안점
유형성	무형성	-저장이 불가능 -특허를 통한 서비스 보호 불가능 -진열 및 커뮤니케이션을 못 함 -가격설정기준이 모호함 -표본추출이 곤란	-유형적 단서 강조 -인적 원천을 정보제공에 사용 -구전 커뮤니케이션 활성화 -강력한 기업이미지 창출 -대고객 접촉빈도 제고 -제공되는 효익 강조 -구매 후에도 커뮤니케이션에 관여
비소멸성	소멸성	-저장 및 재판매 불가능 -수요 및 공급의 균형문제	-수급 및 제공능력의 동시조절 -비수기의 수요변동에 대한 대비
분리성	비분리성	-서비스 제공자의 현존 -서비스 생산에 고객참여 -직접 판매만이 가능 -집중화된 대규모생산 곤란	-종업원 선발 및 교육에 비중을 둠 -서비스 제공자의 자동화 강화 -세심한 고객관리 필요 -복수점포 입지전략 사용
동질성	이질성	-표준화 및 품질통제가 곤란함	-서비스 표준의 설계 및 수행 -사전 패키지 서비스 제공 -서비스의 기계화. 산업화 강화 -서비스의 맞춤화 시행

자료 : 이명식, 서비스마케팅, 형설출판사, 2004. p30.

2) 서비스 마케팅 믹스

(1) 사람

사람(people)은 서비스 제공 및 구매자의 서비스에 대한 인식에 모든 영향을 미치는 모든 사람을 의미하는데, 서비스기업의 종업원, 고객, 그 서비스 환경에서의 다른 고객들도 포함된다.

(2) 물리적 증거

물리적 증거(physical evidence)는 서비스가 제공되고 서비스 기업과 고객이 상호작용을 벌이는 환경이나 서비스 커뮤니케이션이나 성과를 촉진시키기 위한 모든 유형적 요소들을 의미한다.

(3) 과정

과정(process)은 서비스를 제공하는데 필요한 절차, 메커니즘, 활동의 흐름 등을 의미한다.

위에서 언급된 전통적 마케팅 믹스 외에 서비스 마케팅 믹스에는 사람(people), 물리적 증거(physical evidence), 과정(process)이 추가된다.

사 람	물리적 증거	과 정
-종업원(고용, 훈련, 동기부여,보상, 팀워크) -고객(교육, 훈련) -문화 및 가치에 대한 커뮤니케이션 -종업원 조사	-시설디자인(탐미성, 기능성, 분위기) -장비 -종업원 복장 -기타 유형물(보고서, 명함, 소개서, 품질보증서)	-활동흐름(표준화, 맞춤화) -단계(단순, 복잡) -고객참여수준

자료원 : Zeithamal, Valarie A. and Mary Jo Bitner(1996), Service Marketing, New York : The McGrow-Hill Co., p. 25.

2 | 서비스에 대한 고객만족

1) 고객기대 모델

고객기대(customer expectation)란, 서비스 성과판단에 이용되는 표준 및 준거로서 어떤 고객이 서비스를 제공받기 전에 그 성과에 대해서 가지고 있는 신념이라고 정의할 수 있다(이명식, 2004 : p.77). 고객기대는 최고서비스(ideal service), 희망서비스(desired service), 최저서비스(adequate service), 허용구간(tolerance zone), 예상서비스(predicted service) 등의 5가지 수준으로 구성되어 있다.

(1) 최고 서비스 수준

최고 서비스 수준(ideal service level)이란 서비스를 제공받고자 하는 고객이 기대할 수 있는 가장 최상의 서비스 수준을 의미한다. 서비스가 이루어지기 전에 고객이 나름대로 원하고 있었던 부분은 물론 미처 깨닫지 못한 부분까지도 제공되어져 고객의 효익을 제고시켜주는 서비스 수준을 말한다.

(2) 희망 서비스 수준

희망 서비스 수준(desired service level)이란 고객이 서비스를 제공받기 전 서비스 제공자로부터 받기를 희망하는 서비스의 성과수준을 의미한다. 일반적으로 고객들은 최고 서비스 수준의 서비스는 제공받기가 쉽지 않기 때문에 희망 서비스 수준의 서비스를 제공받기를 기대하게 된다. 한편, 고객에 따라서는 최고 서비스 수준과 희망 서비스 수준이 일치하는 경우도 있을 수 있다.

(3) 최저 서비스 수준

최저 서비스 수준(adequate service level)이란 고객이 불만족스럽게 생각하지 않고 받아들일 수 있는 최소한의 서비스 수준을 의미한다. 이러한 경우 고객들은 제공되고 있는 서비스에 대해 최소허용기대치만을 가지게 된다.

(4) 허용구간

허용구간(tolerance zone)이란 고객이 서비스에 대한 가변성을 인정하고 수용하고자 하는 정도로서 희망 서비스 수준과 최저 서비스 수준 사이에 위치하는 구간을 의미한다.

고객들은 허용구간 내에서 서비스를 제공받게 되면 받아들이지만 제공되는 서비스가 최저 서비스 수준보다 낮아서 허용구간 밖에서 서비스가 수행되면 불만족스럽게 생각한다.

또한, 제공되는 서비스가 희망 서비스 수준을 넘어서서 허용구간 밖에서 제공되면 고객들의 만족도는 높아지게 된다. 허용구간은 서비스가 제공되는 상황 및 고객의 특성에 따라서 가변적이라고 할 수 있다.

[그림 2-2] 서비스 차원에 따른 허용구간

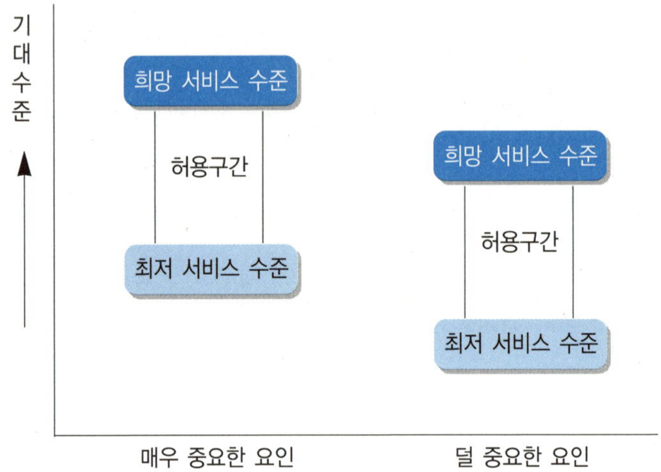

자료 : Berry, Leonard L, A. Parasuraman, and Valarie A. Zeithaml(1991), "Understanding Customer Expectations of Services," Sloan Management Review, 32(3), p. 42

(5) 예상 서비스 수준

예상 서비스 수준(predicted service level)이란 고객들이 서비스를 제공받을 때 기대하는 서비스 수준으로 최고 서비스 수준부터 최저 서비스 수준까지의 범위에 걸쳐 있다.

예를 들어, 어느 고객이 음식점에 주문을 해서 음식이 준비되어 나오는 시간이 5분 걸린다는 말을 들었을 때 최고 서비스 수준은 5분 이내에 주문된 음식이 준비되는 것이지만 과거의 경험상 10분이나 15분이 소요될 수도 있다.

이러한 경우, 고객의 예상 서비스 수준은 5분 이내에 주문한 음식이 준비되면 최고의 서비스 수준의 서비스를 제공받는 것이지만 10분이나 15분 후에 음식이 준비될 수도 있기 때문에 서비스 수준은 고객 자신의 기대에 맞추어 변경될 수 있다고 할 수 있다.

[그림 2-3] 고객기대 모델

2) 고객기대의 선행요인

Kurtz and Clow(1998)에 따르면 고객의 기대는 내부요인, 외부요인, 상황요인, 서비스 기업요인 등에 의해서 영향을 받는다.

[그림 2-4] 고객기대의 선행요인

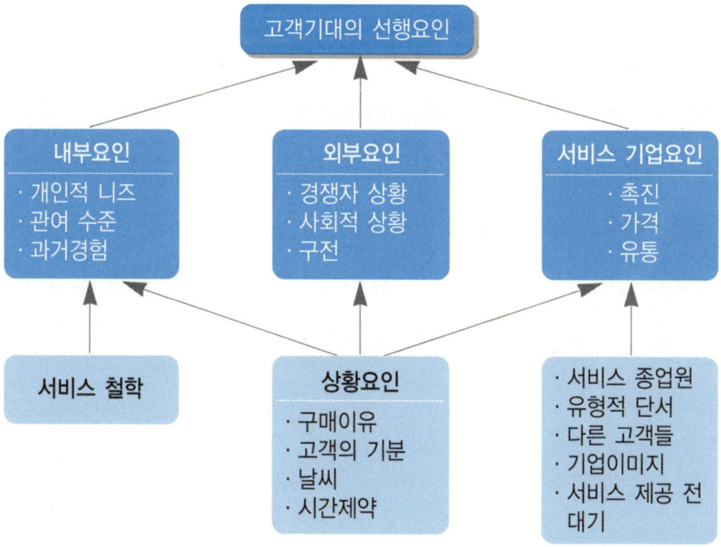

(1) 내부요인

내부요인으로는 개인적 니즈, 관여수준, 과거경험 등이 있는데 이러한 요인들은 고객이 서비스를 제공받기 전 가지고 있는 최고수준, 희망수준, 최저수준의 기대 영향을 미친다.

가. 개인적 니즈

개인적 니즈는 Maslow의 욕구단계설(hierarchy of needs)에 근거하고 있는데, 그 내용은 인간의 행동에 높은 차원의 욕구가 영향을 미치기 이전에 그보다 낮은 차원의 욕구가 완전하거나 부분적으로 충족되어야 한다는 내용이다. 이러한 인간의 욕구는 생리적 욕구(physiological needs), 안전 욕구(safety needs), 사회적 욕구(social needs), 자기존중 욕구(self-esteem needs), 자아실현 욕구(self-actualization needs) 등으로 나누어진다.

먼저, 가장 낮은 차원의 욕구는 생리적 욕구인데 생리적 욕구는 의식주와 같이 인간이 생활해 나가는데 있어서 가장 기본적인 욕구를 의미한다. 이렇게 생리적 욕구가 충족되면 인간은 안전욕구를 가지게 되는데 안전욕구는 안전 및 위험회피, 물리적인 손상으로부터의 보호와 관련된 욕구를 의미하며 그 다음 단계의 욕구는 어떤 집단에 소속하고자 하거나 가족을 이루고자 하는 등의 사회적 욕구이다.

그 다음 단계로 높은 차원의 욕구들인 자기존중 욕구와 자아실현 욕구 등이 있는데 자기존중 욕구는 소속된 사회에서 지위를 가지고 자신을 존중하며 남으로부터 존경을 받고 싶어하는 욕구를 말하며, 자아실현 욕구는 인간이 자신이 이룰 수 있는 모든 것을 얻고자 하는 욕구를 의미한다.

[그림 2-5] Maslow의 인간의 욕구단계

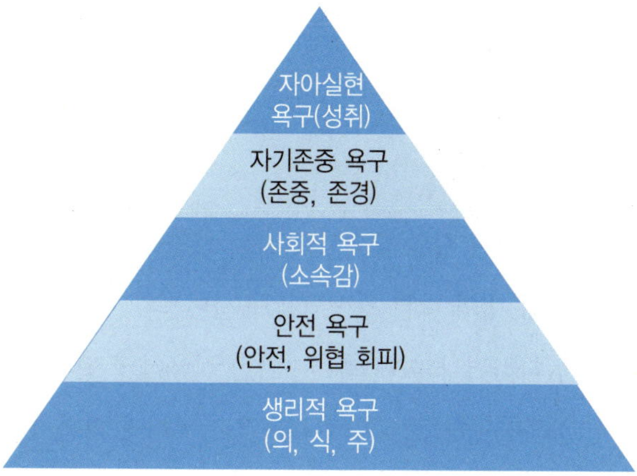

나. 관여수준

관여(involvement)는 인간이 어떠한 상황에서 특정행위를 할 때 가지게 되는 중요성이나 관심의 정도를 의미하는데 관여는 기대에 두 가지 효과를 가지고 있다. 첫째, 관여수준이 높아질수록 최고 서비스와 희망 서비스 수준과의 차이가 줄어들게 된다.

둘째는 관여수준이 높아질수록 허용구간의 폭은 줄어들게 되며 이러한 경우, 고객들은 서비스 제공사항에 변동이 생기면 예민해지게 되어 덜 관용적이게 된다.

다. 과거경험

서비스에 대한 고객의 기대에 영향을 미치는 가장 중요한 요인은 고객의 과거경험이라고 할 수 있다. 과거경험에는 특정 서비스 제공자와의 경험, 동일산업 내의 다른 서비스 제공자와의 경험 및 유사한 서비스에 대한 경험 등이 포함된다.

(2) 외부요인

고객기대의 선행요인 중 외부요인들로는 경쟁자 상황, 사회적 상황, 구전 커뮤니케이션 등이 있다.

가. 경쟁자 상황

고객들의 서비스 기대수준은 같은 산업 내의 경쟁자의 상황에 의해서 영향을 받게 되는데, 예를 들어 같은 산업 내의 다른 경쟁업체가 서비스의 가격을 인하하면 다른 경쟁기업들도 가격을 인하하거나 다른 촉진수단을 사용하게 된다. 또한, 경쟁은 같은 산업 내의 다른 경쟁자들하고만 일어나는 것이 아니라 다른 산업의 대체가능한 경쟁자들과도 일어나게 된다. 예를 들어 햄버거가게는 같은 햄버거가게만 경쟁자가 되는 것이 아니라 김밥, 피자, 설렁탕 등 대체가능한 경쟁자들과도 경쟁을 피할 수 없게 된다.

나. 사회적 상황

고객들이 처한 사회적 상황도 서비스에 대한 기대수준에 영향을 미치게 되는데, 고객들은 자신들이 조금 더 신경 쓰는 사람들과 함께 있을 때 서비스 기대수준이 증가하게 되며 허용구간은 상대적으로 줄어들게 된다.

다. 구전 커뮤니케이션

구전 커뮤니케이션(word-of-mouth communication)은 고객들의 기대형성에 큰 영향을 끼치게 되는데 특히, 서비스는 경험품질 혹은 신용품질의 특성을 가지고 있기 때문에 다른 사람의 의견을 요청하는 경우가 많이 있다. 특히, 구전 커뮤니케이션은 서비스에 대한 최고수준과 희망수준을 형성하는데 많은 영향을 미친다.

(3) 상황요인

상황요인은 정상적인 상황에서의 일시적인 변화로 구매이유, 고객의 기분, 날씨, 시간의 제약 등이 있다.

가. 구매이유

서비스에 대한 고객의 기대에 많은 영향을 미치는데 예를 들어 호텔을 선택할 경우 그 이유가 무엇인가에 따라 고객들의 기대는 크게 달라질 수 있다.

나. 고객의 기분

고객의 서비스 제공 당시 기분은 서비스에 대한 기대에 영향을 미치는데 고객의 기분이 좋을 때는 서비스 제공자에 대해서 보다 관용적이기 때뮤에 허용구간이 범위는 보다 커지고 최저 서비스 수준도 보다 낮아지게 된다. 반면, 고객의 기분이 좋지 않을 때는 위와는 반대로 허용구간도 작아지며 최저 서비스 수준도 올라가게 된다.

다. 날씨

날씨도 고객의 서비스기대에 영향을 미치는데 날씨가 좋을 때와 나쁠 때 고객들은 서비스에 대한 기대수준이 다르게 나타나게 된다. 서비스에 대한 희망수준은 동일하지만 날씨가 나쁘면 서비스 예상수준은 낮아지게 된다.

라. 시간의 제약

시간의 제약성(time constraints)도 고객의 기대에 영향을 미치게 되는데, 예를 들어 급하게 인쇄물을 맡긴 고객의 경우, 예상기대수준은 낮아지게 되며 허용구간의 범위도 넓어지게 된다. 이와 같이 시간적으로 제약이 있는 서비스의 경우 고객들도 정상적인 상황에서 기대할 수 있는 서비스 수준을 그 시간의 제약성에 맞추어 변경시키게 된다.

(4) 서비스 기업요인

고객기대에 영향을 미칠 수 있는 서비스 기업요인들로는 촉진, 유통, 가격, 서비스종업원, 다른 고객들, 유형적 단서, 기업이미지, 서비스제공 전 대기 등이 있다.

가. 촉진

고객들은 광고나 판매촉진 등을 통한 기업의 촉진전략에 의해서 그 기업에 대한 예상 서비스 수준을 형성하게 되는데 이에 따라 고객들은 희망 서비스 수준, 최저 서비스 수준, 허용구간 등을 변경시킬 수 있다.

나. 유통

브랜드 자산이 구축되어 있고 복수의 유통체인점을 가지고 있는 기업들이 제공하고 있는 서비스는 고객들의 예상기대를 강화시키고 있다. 고객들은 그 서비스 기업의 각 점포에서는 거의 비슷한 수준으로 서비스를 제공받을 것으로 기대하게 된다.

다. 가격

일반적으로 가격이 높을수록 고객들의 서비스에 대한 기대도 높아지게 되고 허용구간도 좁아지게 된다. 또한, 가격에 있어서 경쟁기업 및 대체안에 따라 고객의 기대도 변화하게 되며 예상 서비스 수준은 가격과 정비례하지만 허용구간의 범위는 반비례하는 경향이 나타나게 된다. 다시 말하면 가격이 높을수록 고객들의 최저 서비스 수준은 올라가고 허용구간도 좁아지게 된다.

라. 서비스 종업원

서비스 종업원의 고객에 대한 응대 및 대화는 그 서비스를 제공받고 있는 고객들의 기대수준에 영향을 미치게 된다.

마. 다른 고객들

고객의 기대는 다른 고객들에 의해서도 영향을 받게 되는데 다른 고객들이 어떻게 서비스 제공을 받는지 관찰함으로써 자신이 받을 서비스의 수준을 기대하게 된다. 또한, 다른 고객들이 고객기대에 미치는 또 다른 영향은 서비스에 대한 수요를 나타내 보이는 것이라 할 수 있는데, 예를 들어 어떤 음식점에서 많은 사람들이 음식을 주문하기 위해서 줄을 서서 기다리는 것을 보는 경우 그 서비스에 대한 기대수준이 높아지게 된다.

바. 유형적 단서

서비스의 유형적 단서에는 서비스 시설의 내부 · 외부 모양, 배치된 가구, 서비스에 사용될 설비, 인테리어, 청결도 등이 포함된다. 이러한 유형적 단서에 의해 고객들의 기대수준은 영향을 받게 된다.

사. 기업이미지

고객들이 서비스 제공 기업에 대해서 좋은 이미지를 가지고 있으면 그 기업에서 제공되는 서비스의 기대도 크고 그렇지 않으면 서비스에 대한 기대수준도 낮아지게 된다.

아. 서비스제공 전 대기

고객들은 나름대로의 기준을 가지고 대기시간을 예상하게 되며 예상보다 실제 대기시간이 길어지게 되면 고객은 그 서비스에 대해서 덜 관용적이게 된다.

사례

서비스 초우량 기업 하얏트 호텔 & 리조트

사람들에게 좋은 호텔을 들라고 하면 모두가 예외없이 하얏트를 꼽는다. 그렇다고 해서 특별한 이유가 있어서는 아니다. 다만 하얏트의 서비스와 설비에는 무언지 말로 표현할 수 없는 분위기가 있기 때문이다. 하얏트를 호텔업계에서 으뜸이 되게 한 것은 오랜 세월이 흘러도 예전 서비스 그대로인 일종의 일관성에 있다. 하얏트 호텔 & 리조트는 실제로는 다른 두 개의 회사인데 하얏트, 하얏트 리젠시, 파크 하얏트, 그랜드 하얏트, 리젠시 클럽 등 다양한 명칭으로 호텔을 관리 운영하고 있다.

이들 하얏트 호텔즈 코페레이션(Hyatt Hotels Corporations)은 북미대륙에서 사업을 전담하고 있는데 이 회사는 미국, 캐나다, 카리브해에 81개의 호텔과 12개의 휴양지를 운영하고 있다. 여기에는 로스앤젤레스 국제공항에 가까운 최초의 하얏트가 포함되어 있다. 26개국에 29개의 호텔과 15군데의 휴양지를 운영하고 있는 하얏트 인터내셔널은 일반적으로 도심에 세워져 도심의 번화가를 여러 차례 재활성화시키는데 중심적 존재가 되고 있는 대규모 도시호텔, 교외호텔 혹은 소형 도시호텔, 휴양과 회의를 겸한 호텔, 소규모 호화 호텔 등의 네 가지 타입으로 나뉘어 있다.

이것은 브랜드나 요금으로 분류하는 의미에서의 시장분할은 아니다. 어떤 면에서 일관성에 대한 하얏트의 명성은 오해를 불러일으키고 있다. 일관성이란 실제로는 동일하다고 알려진 취급방식이나 시스템의 동일성을 의미한다. 사실 하얏트는 어느 도시에서나 동일하게 공손한 접대를 약속한다. 그러나 그 형식은 체인과는 완전히 다르다. 즉, 하얏트에서는 동일한 것이란 전혀 없다는 것이다. 각 지역의 호텔은 각자의 지역에 필요한 사업으로서 또 도시의 구성요소로서, 도시의 전문적 이용자나 시장전문화에 맞추어 설계, 건설되어 운영되고 있는 것이다.

전설적인 건축가인 존 포트맨(John Portman)이 설계한 최초의 고대 로마 양식의 21층 짜리 호텔이 애틀란타에 첫 선을 보인 이후 이 회사는 적극적으로 새로운 형태를 추구하면서 서비스 분야의 혁신에 도전하였다.

그리하여 대규모 호텔업계의 경향을 리드하는 회사로 인정받아 왔다. 이 회사의 호텔은 시각면에서 자극적이다. 그리고 경영은 하얏트의 분권형 운영방식으로 대폭적인 권한을 부여받은 독립된 지배인에 의해 운영되고 있다. 다른 한편으로는 하얏트는 성장면에서 점진적인 방침을 취해 왔으며 선택을 엄격하게 해왔다. 이러한 방침은 시장에서 객실과잉 현상이 발생하고 있는 현재 호텔업계의 영향을 받지 않으면서 품질을 중시하며 성장할 수 있는 기초가 되었다. 또 현재 호텔업계의 커다란 특징이 되고 있는 시장분할도 거의 20년 전부터 경영방식의 하나였다.

그러나 하얏트는 일반이용자를 구분한 개개의 시장에 대하여 개별적 브랜드 네임을 가진 호텔을 만들지는 않으며 동일 명칭 아래 각각 다른 니즈에 대응하고 있다. 예를 들어 전통적인 하얏트는 대도시에 500개 이상의 객실을 보유하고 있으며 안목 있는 개인 이용자와 비즈니스 그룹의 회의, 여행대리점들로부터 높은 평가를 받고 있다. 하얏트가 이처럼 좋은 평가를 받는 이유는 각각의 설비가 주의깊게 배치되고 구조적으로 분리되어 있어 큰 회의실과 연회장을 필요로 하는 그룹에 의해 각 개인의 프라이버시나 처우가 영향을 받지 않기 때문이다. 고도의 개인적 서비스나 소규모 호텔을 좋아하는 여행자에 대해서도 하얏트는 리젠시 클럽으로 대응하고 있다. 이것은 '호텔 안의 호텔'로서 1층, 혹은 2층을 분리했기 때문에 출입구와 접객 담당자 등이 별도로 배치되어 있다.

호텔업계에서 하얏트는 식음료 서비스의 수익으로 높은 평가를 받고 있다. 물론 하얏트의 식당에 최고를 기대하는 투숙객이나 지역사회 주민들의 인기가 없다면 높은 수익성은 나올 수 없을 것이다. 따라서 음식물의 질은 이 회사 서비스 전략의 중요부분이다. 로비 근처에 미식가용 식품판매점을 설치한 하얏트도 많다. 보통 수준의 풀 서비스 호텔은 영업수익의 1/3 미만을 식사와 음료수에서 얻는데 하얏트의 경우는 그 비율이 37%에 달한다. 다른 분야에서도 하얏트 서비스 시스템의 우수함이 발휘되고 있다. 샴푸, 제봉도구 등의 객실비품을 최초로 제공한 곳도 하얏트였으며 회의용 대규모 시설의 관리나 고객의 체크 인을 처음으로 전산화한 것도 하얏트였다.

그리고 피트니스 교실이나 보안 프로그램에서 체크아웃 표시까지, 투숙객에게 평판이 좋은 서비스에 대해서도 선두주자였다. 맞춤화한 서비스 문화 가운데 일관성을 유지하는 것은 시스템의 문제이기도 하다.

하얏트는 컨설턴트를 거의 이용하지 않는다는 점에서도 특색이 있다. 어떤 임원은 1987년 "호텔 & 레스토랑 인터내셔널"지에서 "우리는 우리 회사의 사원이 가장 우수한 컨설턴트라고 생각한다"고 말하기도 했다. 이것은 또 훈련과 경영의 책임을 지역 매니저와 각 호텔의 지배인에게 위임한 것과도 관계된다. 사실상 경영에서 마케팅에 이르기까지 전사적 차원에서의 모든 기능은 지역 차원이나 각 호텔의 차원에서도 답습되고 있다.

재능 있는 100명의 정원사에게 같은 꽃을 건네 줄 경우 그들은 정원에 같은 식물을 심으면서도 각자가 독특한 재능을 발휘하게 된다. 하얏트의 정책적 효과는 바로 이런 것이다. 하얏트는 미래를 추구하면서 대도시형 호텔을 화려하고 큰 리조트 호텔이나 소규모 교외 호텔을 세우기 적당한 장소로 옮길 계획이라고 한다. 그런데 200~300실 규모의 전형적인 교외형 도시호텔은 경쟁력을 갖추기 위하여 사방이 탁 트인 설비방식이나 무도장을 단념해야 할지도 모른다. 그러나 하얏트의 임원들은 설사 규모가 작아지더라도 서비스가 떨어져서는 안 된다고 다짐하고 있다.

자료원 : 론 젬케 외 지음, 윤순봉 옮김,
초우량 기업의 서비스 경쟁력, 이명식, 서비스마케팅, 형설출판사, 2004: pp. 11-12에서 재인용

3 | 서비스 품질

1) 서비스 품질의 이해

제품 및 서비스에 대한 품질평가는 탐색 품질(search quality), 경험 품질(experience quality), 신용 품질(credence quality) 등으로 나눌 수 있는데, 제품이 탐색품질의 특성이 강한 반면 서비스는 경험 품질과 신용 품질의 특성이 강한 편이라고 할 수 있다.

(1) 품질의 평가

가. 탐색 품질

제품이나 서비스를 구매하기 전에 소비자들이 평가할 수 있는 속성을 말하는 것으로 색깔, 모양, 느낌, 가격 등과 같은 항목을 포함하고 있다. 컴퓨터, 냉장고 등과 같은 소비재와 원사새, 부품 등과 같은 산업재들은 제품을 구매하기 전 소비자들이 그 품질을 평가할 수 있기 때문에 탐색 품질의 속성이 강한 편이라고 할 수 있다.

나. 경험 품질

소비자들이 소비 중이거나 소비한 후에야만 평가할 수 있는 속성으로서 경험을 통해서야만 그 품질을 인지할 수 있게 된다. 식사나 성형수술 등은 경험 품질의 속성이 강한 서비스 상품이라고 할 수 있다.

다. 신용 품질

서비스 종료 후에도 그 평가가 힘든 속성을 의미하는데, 교육 서비스, 병원의료 서비스, 세무회계 서비스 등이 신용 품질의 속성이 강한 서비스 상품이라고 할 수 있다.

[표 2-3] 제품 및 서비스의 특성

품질	정의	소비자 대상	기업 대상
탐색 품질	구매 전 평가될 수 있는 것	구두, 청바지, 냉장고, 컴퓨터	원료, 부품, 사무용품, 공구
경험 품질	소비 중이거나 소비가 끝난 후에만 평가될 수 있는 것	음식, 이발, 오락, 성형수술	사무실관리, 잔디깎기, 운송, 수선서비스
신용 품질	심지어 서비스 수행 후에도 평가하기가 어려운 것	세무회계서비스, 교육, 병원서비스	컨설팅, 재정상담, 광고, 보험

(2) 과정 품질과 기술적 결과 품질

고객들은 제공된 서비스의 기술적 결과에 대한 인식과 그 결과가 어떤 과정을 거쳐 제공되었는지를 기반으로 해서 서비스 품질을 판단하게 된다.

예를 들어서, 병원에서 제공되는 의료 서비스에 대한 기술적 결과 품질은 환자들의 병을 완쾌시켜주는 일이다. 의료 서비스의 과정 품질은 의사의 시기적절한 치료, 의사 및 간호사들의 고객들에 대한 이해, 정중한 응대, 그리고 환자들의 이야기를 듣는 태도 등을 생각해볼 수 있다. 만약 고객들이 레스토랑에 갔을 때 기술적 결과 품질이 제공된 음식이라면 과정 품질은 음식제공 절차 및 방법, 그리고 종업원들의 응대태도라 할 수 있다.

만약 서비스가 어떤 구체적인 결과를 가지고 있다면 고객들은 그 결과에 의거해서 그 서비스의 효과를 판단하게 된다. 그러나 일반적으로 서비스는 제품에 비해서 상대적으로 매우 복잡하여 뚜렷한 결과가 항상 명백하게 나오는 것이 아니다. 이러한 상황에서 서비스 제공자의 실제 능력이나 그 결과의 유효성 등으로 나타나는 서비스의 기술적 품질은 고객들이 쉽게 판단할 수 없게 된다. 심지어 어떤 경우, 고객들은 제공된 서비스가 제대로 수행되었는지의 여부조차 모르는 경우가 있다.

많은 서비스의 경우 고객들은 자신들이 지급하는 비용에 대해서 의문을 품게 된다. 따라서 고객들은 자격을 소지하고 훌륭한 기술을 갖고 있는 것 외에도 서비스 제공자가 대인관계를 제대로 할 수 있는 능력을 가졌으면 하고 바라게 된다. 즉, 고객들이 제공된 서비스 결과의 기술적 품질을 효과적으로 판단할 수 없다면 그들은 문제해결능력, 고객과의 공감능력, 고객에 대한 정중한 태도 그리고 약속이행 수준 등과 같은 서비스의 과정품질 차원에 따라 서비스 품질에 대해서 자신들의 판단을 내리게 되는 것이다(이명식, 2004. PP. 112-113).

2) 서비스 품질 차원

많은 마케팅 학자들은 서비스의 품질이 단일 차원의 개념이 아니라 여러 요인들에 의해서 평가가 이루어져 왔다고 주장해 왔다. 1985년 Parasuraman, Zeithmal, Berry(PZB)연구에서 아래와 같이 10개 차원의 서비스 품질 평가 제시되었다.

[표 2-4] 서비스 품질의 10가지 차원

차원	정의
신용도	서비스 제공자의 솔직함, 믿음성, 신뢰감
안전성	위기, 위험, 의심제거
접근성	접근가능성 및 용이한 접촉
커뮤니케이션	고객들의 말을 청취하고 그들이 이해할 수 있도록 의사전달하기
고객 이해하기	고객 및 그들의 니즈를 알려고 노력
유형성	물리적 시설, 장비, 종업원들의 모습
신뢰성	약속한 서비스를 믿음직스럽고 정확하게 수행하는 능력
반응성	고객에게 도와 주고 신속한 서비스를 제공
능력	서비스 제공에 필요한 지식과 기술을 보유
예절성	서비스접촉 종업원의 정중함, 존경심, 신중함 그리고 친절함

그러나 서비스 품질의 10가지 차원들이 상호 간에 중복되는 부분이 있고 그 내용을 명확하게 구별하기 힘들다는 의견 등에 따라 PZB(1988)는 1985년 자신들의 연구를 보다 정교하게 만들고 상호 간에 중복되는 부분들을 5가지 차원으로 다음과 같이 통합하였다.

(1) 유형성

유형성(tangibility)은 물리적 시설, 장비, 종업원, 사용되는 커뮤니케이션 자료 등의 외형을 의미한다.

(2) 신뢰성

신뢰성(reliability)이란 약속한 서비스를 정확하게 제공하는 능력을 말하는데, PZB(1988)에 의하면, 미국에서 신뢰성이 서비스 품질 차원 5가지 중에서 서비스 품질에 대한 고객들의 인식을 결정하는데 있어서 가장 중요한 요소로 작용되고 있다고 한다.

(3) 반응성

반응성(responsiveness)은 고객을 도와주고 신속한 서비스를 제공하고자 하는 의지를 의미한다. 반응성은 고객들의 요구, 질문, 불평 및 문제를 처리하는데 있어서 관심과 신속성을 강조한다.

(4) 공감성

공감성(empathy)이란 고객을 개별화시켜 이해하려는 노력으로 접근의 용이성과 서로 커뮤니케이션이 잘 이루어지는 것이 포함된다.

(5) 확신성

확신성(assurance)은 종업원들의 지식과 정중함, 그리고 기업과 종업원들이 불러일으키는 믿음직스러운 모습을 의미한다.

4 | 호텔관광 마케팅의 이해

WTO(World Tourism Organization : 세계관광기구)는 2020년까지 국제관광객 수가 약 16억 명에 이르고 국제관광수입은 약 2조 달러에 이를 것이라고 예측하였다. 또한, 일반적으로 국내관광(domestic tour)은 국제관광(international tour)의 약 10배에 달하는 것으로 추정되고 있고, 개발도상국들이 관광사업을 개발하고 있기 때문에 관광산업의 규모가 더욱 커질 것으로 예측하였다(WTO 1998).

1) 관광의 기본 개념

(1) 관광의 정의

관광(tourism)은 지금까지 많은 사람들에 의해 다양하게 정의되어 왔으며, 오늘날에도 관광에 대한 정의는 다양하다. 이렇게 Tourism이라고 일컬어지는 관광이 다양하게 정의되는 이유는 물론, 공통적으로 의견이 일치되는 부분도 있지만, 부분적으로 학자들마다 의견이 다르고, 시대에 따라 다양하게 발전하면서 변화해 왔기 때문이다.

위에서 언급된 관광의 정의를 종합해 보면, 관광은 생활환경의 변화를 바라는 인간의 기본욕구를 충족시키기 위하여 자유시간 내에 일상권을 떠나서 다른 나라 또는 다른 지역으로 영리추구와 관계없이 일시적으로 공간을 이동하면서 그곳의 문물 · 제도 · 풍습 등을 관찰하고 풍광을 감상 · 유람함으로써 휴식 · 기분전환 · 자기계발을 통하여 정신적 · 육체적 상태를 새롭게 향상시키는 인간행동의 총체라고 할 수 있다(김광근 외, 2004 : p. 32).

[표 2-5] 국내 · 외 학자의 관광정의

학 자	정 의
슐레른 (H. Schulern)	일정한 지역, 주 또는 타국을 여행하며 체제하고, 다시 돌아가는 외래객의 유입 · 체재 및 유출이라는 형태를 취하는 모든 현상과 그 현상에 직접 관련된 모든 현상, 그 가운데서도 특히 경제적인 모든 현상
보르만 (A. Boremann)	휴양의 목적이나 기분전화, 유람 · 상용 또는 특수한 행사에 참여, 기타 사정 등에 의하여 거주지에서 일시적으로 떠나는 여행
오길비 (F.W. Ogilvie)	일시적으로 거주지를 떠나지만 그러나 1년 이상을 초과하지 않고, 여행 중 소비하는 금전은 거주지에서 취득한 것이어야 한다.
볼만 (A. Bolmann)	일상거주지를 일시적으로 떠나 여행하면서 관광과 즐거움을 얻는 것이라고 정의하고, 보양 · 유람 · 상용 · 직업 등의 목적을 포함
그뤽스만 (R. Grucksman)	어떤 지역에 있어서 일시적 체재와 지역주민들과의 여러 관계의 총화
훈치커와 크라프 (W. Hunziker & K. Krapf)	체재 중에 주된 영리활동을 목적으로 정주하지 않는 한, 그 외국인의 체재로부터 발생되는 모든 관계나 현상의 총체
베르네커 (P. Bernecker)	상업활동 혹은 직업상의 여러 이유에 관계없이 일시적 또는 자유의사에 따라 다른 지역으로 이동한다는 사실과 결부된 모든 관계 및 결과
메드상 (J. Medecin)	인간이 기분전환을 위해 휴식을 취하며, 또한 인간활동의 새로운 모든 국면이나 미지의 자연풍경을 접함으로써 경험과 교양을 넓히기 위하여 여행을 한다든가 정주지를 떠나 체재하게 됨으로써 성립되는 여가활동의 일종
군 (C.A. Gunn)	① 자택 · 직장관계가 없는 지역에서 일시적 이동 ② 관광지에서의 활동 ③ 관광지에서 여행자욕구를 충족시키는 시설 · 사업체
코헨 (E. Cohen)	새로운 것, 기분전환, 변화를 추구하기 위한 즐거움을 목적으로 비교적 멀리 주유형 여행을 하는 것
레이퍼 (N. Lerper)	여행 중 수입을 목적으로 한 경제활동을 제외하고 인간이 일상거주지를 떠나 자유로이 여행하며 1박 이상 일시적으로 체류하는 것을 내용으로 구성되어 있는 체계
메킨토시 (R.W. McIntosh)	관광자와 다른 방문자들을 유치 · 접대하는 과정에서 관광자 · 관광사업자 · 정부 · 지역사회 간의 상호작용으로 야기되는 현상과 관계의 총체

학 자	정 의
세계관광기구 (WTO)	즐거움 · 위락 · 휴가 · 스포츠 · 사업 · 친구 · 친척방문 · 업무 · 회합 · 회의 · 건강 · 연구 · 종교 등을 목적으로 하여 방문국을 적어도 24시간 이상 1년 이내 체류하는 행위
이노우에 만주조	관광이란 사람이 다시 돌아 올 예정으로 일상생활권을 떠나 레크리에이션을 걷기 위하여 이동하는 것
스즈키 타다요시	사람이 일상생활권으로부터 떠나 다시 돌아올 예정으로 이동하여, 영리를 목적으로 하지 않고, 풍물을 가까이 하는 것이며, 이와 같은 행위에 의하여 나타나는 사회현상의 총체
일본관광정책 심의회	자유시간 중에서 감상 · 지식 · 체험 · 활동 · 휴양 · 참가 및 정신의 고무 등 생활의 변화를 추구하는 인간의 기본적 욕구를 충족시키기 위한 행위를 일상생활권을 떠나 다른 자연 · 문화 등의 환경 속에서 행하는 일련의 행동
쓰다노보루	일상생활권을 떠나 귀환예정으로 타국 · 타지역의 문물 · 제도 등을 시찰하거나 풍광을 관상 · 유람할 목적으로 여행하는 것
김진섭	자기의 자유시간 가운데서 생활의 변화를 추구하는 인간의 기본적 욕구를 충족하기 위한 행위 중 일상생활로부터 떠나 다른 자연 · 문화 등의 환경 아래서 행하려고 하는 일련의 행동
이장춘	가계소득 중 잉여가 발생하고 여가시간이 주어질 때 또는 정책적 · 제도적 지원 혜택으로 여가비와 여가시간이 주어질 때 재노동의욕 고취와 궁극적인 국민복지 증대를 위해 국민 스스로가 주거지의 위락과 관광활동에 자발적 또는 계도적으로 참여해 가는 대중문화 속의 사회현상과 문화현상의 복합현상
윤대순	인간이 자기집을 떠나 생활개선(生), 충성(忠), 효도(孝), 견문확대(知), 인격도야(道), 건강(體), 친교(親), 즐거움(樂) 등을 목적으로 여행하며 진 · 선 · 미를 추구하는 체험과정의 총체이다. 즉, 관광은 삶의 질을 향상시켜주는 체험과정이다.
박석희	자유의사대로 자유재량시간을 활용하는 여가의 한 가지로서 돌아 올 예정으로 일상영역을 벗어나서 견문을 넓히고, 에너지를 보충하며, 완전성을 추구하고, 즐거움을 누리는 일련의 행동과 이러한 행동으로 인해 발생되는 경제 · 사회 · 문화적 현상의 총체

2) 호텔관광시장의 이해

호텔관광산업에 있어서 마케팅에 관하여 학습하는 가장 중요한 관점은 인적자원과 관련된 부분이라고 할 수 있다. 이를 이해하기 위해서는 우선 관광상품을 공급하고 구매하는 소비자들과 관광시장을 구성하고 있는 요소들에 대하여 이해해야 한다(김성혁, 2000 : pp. 26-27).

(1) 판매자

판매자(seller)는 판매를 위해 무엇인가를 소유하고 있는 사람을 말한다. 판매자에는 대기업체, 소기업체 및 개인도 포함된다. 관광산업에 있어서 판매자는 교통(항공기, 렌터카, 여객선, 철도, 전세버스회사)의 공급업자, 호텔과 모텔 등의 숙박업, 음식업, 관광지, 여행사 등이 있으며 정부, 지방자치단체, 민간단체 등의 관광촉진기관들도 판매자에 속한다고 할 수 있다.

(2) 구매자

구매자(buyer)는 물론 관광객 또는 여행객이다. 관광산업에 있어서는 여행하는 이유를 기초로 해서 상용여행객과 위락여행객의 두 그룹으로 관광객을 분류할 수 있다.

상용여행객(business travelers)이란 직무를 수행하는 과정에서 여행을 하게 되는 사람을 지칭하며 위락여행객(pleasure or leisure travelers)들은 여행을 반드시 필요로 하지는 않지만 즐기고 피로를 풀고 새로운 곳을 방문하기 위해서 여행을 한다. 친구나 친척을 방문하는 여행객들은 이러한 위락여행객 그룹 가운데 가장 큰 집단을 형성한다.

한편, 특별한 목적(대학입학 및 졸업, 가족의 사망 및 질병관련)에 의해서 여행을 하는 사람들도 있지만 이러한 목적으로 여행을 하는 사람들은 마케팅에 크게 영향을 받지 않기 때문에 대부분의 관광조직들은 주로 상용여행과 위락여행에 초점을 맞추고 있다.

(3) 시장

관광상품에 대한 전체적 시장은 위에서 언급한대로 상용여행객과 위락여행객으로 구성되어 있다. 가끔 어떤 그룹은 연령, 성별, 지리적 위치, 소득, 라이프스타일 등과 같은 특성에 의해서 전체적 시장에서 구별된다.

관광마케팅 전문가들은 이러한 요소들을 개별적 혹은 혼합하여 전체시장의 특정부분을 표적으로 삼아 마케팅 노력을 집중시키기도 한다. 예를 들어 항공업의 할인 좌석 탑승시장은 다른 연령대에 비해 상대적으로 여행비용에 민감한 대학생들이 그 대상이 된다고 할 수 있다.

3) 호텔관광 마케팅의 정의

관광마케팅에 대한 정의는 다양하나. 번서, 최태광(2002, 관광마케팅 p.20, 백산출판사)은 관광마케팅을 국가관광기구나 개별기업이 그들의 목표 고객들을 구명하고, 국가 및 국제적 차원에서 그들의 욕구와 필요, 동기, 선호 등을 확인하고 영향을 주도록 의사를 소통하며, 목표를 달성하면서도 고객들을 최대한 만족시킬 의향으로 관광상품을 구성하고 적응시키려는 일련의 경영과정이라고 정의하였다.

김성혁은 관광마케팅을 "교환을 통하여 관광조직의 목표를 달성하기 위해 제품 및 서비스, 아이디어를 사용하여 상품화, 가격결정, 유통 및 촉진을 계획. 실시하는 전략적 조직활동"이라고 정의하였다.

이 정의에서 관광조직이란 국가, 지방자치단체, 지역단체, 사기업 등 모든 조직집단을 말한다. 이는 지방자치시대를 맞이하여 지방정부 및 정부기관, 비영리기관 등을 모두 관광마케팅의 주체로서 이해하려는 것이다. 관광조직에는 당연히 개인기업이 포함된다. '교환을 통하여' 하는 의미는 관광상품과 같은 무형적인 서비스상품도 유형적인 제품과 마찬가지로 교환가치가 있다는 것을 강조하고 있다(2000 : p33).

한편, WTO(World Tourism Organization : 세계관광기구)는 관광마케팅을 "최대한의 편익을 얻으려는 관광조직의 목적에 부합하기 위하여 관광수요의 측면에서 시장조사, 예측, 선택을 통하여 자사의 관광상품을 시장에서 가장 좋은 위치를 차지하도록 노력하는 경영철학"이라고 정의하였다.

4) 호텔관광상품의 특성

호텔관광상품은 넓은 의미에서 보았을 때 일반제품과는 달리 서비스에 대한 비중이 큰 상품이기 때문에 다음과 같은 특성을 가진다고 할 수 있다.

(1) 무형성

호텔관광상품의 특성 중 무형성(intangibility)이란 관광상품은 다른 일반제품과는 달리 눈으로 보거나 손으로 만지거나 소유할 수 없다는 뜻이다. 관광기업들은 서비스의 산출을 위해서 호텔의 객실, 항공사의 좌석, 레스토랑의 음식 등과 같이 여러 가지 유형적인 상품을 판매하지만 서비스라는 무형의 상품 또한 판매하게 된다.

서비스는 일반 제품과는 달리 형태가 없기 때문에 제품에 비해서 상대적으로 그 가치를 파악하거나 평가하는데 어려움이 따르게 된다. 또한, 서비스는 고객에게 미리 보여줄 수 없고, 고객도 미리 서비스를 인지하지 못하므로 직접 구매하기 전까지는 객관적인 평가에 어려움이 있다.

(2) 소멸성

소멸성(perishability)이란 서비스는 제품과 달리 재고의 보관이 불가능하며, 서비스의 산출과 동시에 소멸되는 특성을 의미한다. 예를 들어, 호텔의 객실이나 항공사의 좌석의 경우 일정한 시점에 판매하지 못하면 상품으로서의 효용을 잃어 버리고 그대로 소멸된다.

(3) 생산과 소비의 동시성

서비스는 생산과 소비가 동시에 이루어진다. 즉, 제품의 경우는 생산자가 제품을 생산한 후 유통경로를 거쳐 나중에 소비자에 의해 소비되지만, 서비스의 경우는 생산자가 서비스를 생산하는 동시에 소비자들에 의해서 소비된다. 예를 들어, 여행상품의 경우 여행업체가 일방적으로 상품을 생산하여 제공하는 것이 아니라 여행객이 생산에 참가하여 생산하고 동시에 소비가 이루어진다.

(4) 이질성

서비스의 특성 중 이질성(heterogeneity)은 서비스를 제공하는데 있어서 여러 가지 가변적인 요소들이 많기 때문에 같은 서비스라도 모든 서비스의 품질이 똑같지 않다는 것을 의미한다. 예를 들어 같은 서비스라도 서비스 제공자, 서비스 제공시간, 서비스 제공방법에 따라서 서비스의 질이 달라지게 된다. 이러한 서비스의 특성은 서비스가 품질의 표준화와 규격화가 제품에 비해서 상대적으로 어렵다는 것을 의미한다.

(5) 계절성

대부분의 호텔관광상품은 계절적인 영향을 많이 받기 때문에 성수기와 비수기의 구분이 뚜렷하다. 또한, 같은 성수기나 비수기에도 주중과 주말의 수요에 많은 차이가 있다.

(6) 동질성

호텔관광상품의 특성 중 동질성(parity)이란 관광기업마다 제공하는 기초상품의 종류가 거의 비슷하다는 의미이다. 예를 들어 호텔에서 제공되는 객실과 식음료나 항공사에서 제공하는 좌석, 서비스, 음식 및 여행사에서 제공되는 여행상품 등이 거의 동일하다고 할 수 있다. 이러한 관광상품의 동질성은 관광기업 간의 경쟁을 심화시켜 관광기업들이 핵심역량을 보유하여 경쟁우위를 확보하는 것을 더욱 어렵게 만드는 요인으로 작용할 수 있다.

(7) 보완성

호텔관광상품의 특성 중 보완성(complementarity)이란 여행업, 숙박업 등 각각의 관광사업은 별도로 존재하지만 서로 밀접한 연관성을 가지고 있어 서로에게 영향을 미치는 특성을 말한다. 특히, 관광상품의 마케터들은 이러한 관광사업의 특성을 이해하고 이러한 특성에 적합한 마케팅 전략을 구사하는 것이 중요하다고 하겠다.

5) 호텔관광 마케팅 믹스

마케팅 믹스(marketing mix)란 마케팅 프로그램과 전략개발을 위해 사용할 수 있는 통제 가능한 마케팅 도구들의 집합을 의미하는데, 관광마케팅 믹스는 관광서비스의 특성을 고려하여 새로운 믹스 형태로 수행되거나 기존의 마케팅 믹스를 구성하는 제품, 가격, 유통, 촉진에 새로운 구성요소가 추가되어 수행되어져야 한다.

여러 학자들이 다양한 형태로 관광마케팅 믹스의 형태를 구성하였는데, 모리슨(Morrison)은 기존의 4P에 사람(people), 패키징(packaging), 프로그래밍(programming), 파트너십(partnership)의 4P를 추가하여 8P를 제시하였다.

(1) 제품

호텔관광산업에서 제품(product)은 호텔관광기업이나 호텔관광조직이 현재 및 잠재관광객의 욕구를 충족시키기 위해서 제공하는 유형적 재화나 무형적 서비스를 의미한다.

(2) 가격

가격(price)이란 제품이나 서비스를 구매하고 그 대가로 지불하는 제품의 가치인데, 호텔관광기업은 성수기와 비수기의 매출 차이가 많기 때문에 이를 극복하기 위해 계절할인전략을 실시하는 경우가 많이 있다.

(3) 유통

호텔관광산업에서 유통이란 호텔관광기업과 관광객을 연결해주는 일련의 과정을 의미하는데, 관광산업 유통구조의 특성을 살펴보면 다양한 유통경로와 간결한 전달과정을 들 수 있다. 관광산업의 유통경로가 다양한 이유는 비교적 시장진입장벽이 낮은 편이기 때문에 많은 사업자들이 있고 관광소재를 제공하는 업체입장에서는 일반 제품과 달리 관광상품은 재고관리가 불가능하기 때문에 적시적소에 상품을 제공하기 위하여 많은 유통경로를 필요로 하기 때문이다. 또한, 관광기업이 판매하는 관광상품은 무형재이므로 일반 제품에 비하여 서비스 전달 과정이 간결하게 처리될 수 있다.

(4) 촉진

촉진이란 기업의 제품이나 서비스를 주어진 가격에 구매하거나 구매를 계속하도록 유도할 목적으로 제품 또는 서비스의 성능이나 가치에 대하여 현재 및 잠재

고객을 대상으로 정보를 제공하거나 설득하는 것과 관련된 마케팅 노력의 일체를 의미한다. 관광기업이 활용할 수 있는 촉진수단은 매우 다양하지만 광고, PR, 인적판매, 판매촉진 등이 가장 많이 활용된다고 할 수 있다.

(5) 사람

호텔관광산업은 다른 서비스산업과 마찬가지로 노동집약적인 산업이기 때문에 근본적인 부분에 있어서 기계화될 수 없기 때문에 인적자원에 대한 의존도가 매우 높다. 또한, 관광상품의 특성상 모방이 용이하기 때문에 관광상품들 간에 차별화가 어렵기 때문에 인적자원의 역할이 다른 산업보다 크다고 할 수 있다.

(6) 패키징

호텔관광산업에서 패키징(packaging)이란 여러 보완관계에 있는 관광상품을 하나의 가격으로 묶은 상품과 서비스의 조합을 의미한다. 관광상품은 일반제품과는 달리 상호보완적인 상품들로 구성되어 복합성을 띠고 있기 때문에 고객들에게 패키지상품을 제공하여 고객들의 욕구를 만족시킬 수 있다. 예를 들면 여행사의 패키지 투어(package tour)를 보면 여행목적지, 숙박, 교통편 등을 독립적으로 판매하는 것보다 패키지로 묶어서 판매하는 것이 상품의 가치가 더 높고, 소비자의 입장에서도 시간과 비용을 줄일 수 있는 장점이 있다.

호텔관광마케터의 관점에서는 이러한 특성을 잘 활용하고 고객들의 욕구를 만족시키기 위해서는 관광상품을 패키징하는 기획력이 필요하다고 할 수 있다.

(7) 프로그래밍

프로그래밍(programming)이란 관광목적지에서의 관광활동을 보다 유익하고 즐겁게 하기 위하여 각종 행사나 특별활동을 기획하는 것을 의미한다. 호텔관광산업은 여행사, 항공사, 호텔 등 호텔관광사업자들이 제공하는 상품요소들이 대부분 패키지화되어 있으며, 일정도 프로그램화되어 있다.

(8) 파트너십

파트너십(partnership)이란 기업 간에 상호 협력하여 그들의 경쟁적 우위를 확보하려는 일종의 전략적 제휴를 의미한다. 전략적 제휴(strategic alliance)란 경쟁관계에 있는 기업이 일부 사업 또는 일시적인 협조관계를 갖는 것을 의미하는데, 전략적 제휴를 함에 있어서 가장 중요한 부분 중 하나가 파트너의 선정이다.

De la Sierra는 성공적인 파트너를 선정하는데 가장 중요한 기준으로 양립성(compatibility), 능력(capability), 몰입성(commitment)의 3C를 꼽았는데, 먼저 양립성은 양 기업의 전략, 기업문화, 경영관리시스템의 측면에서 서로 모순되거나 상반되지 않는가 하는 점을 의미한다. 능력은 파트너기업이 가지고 있는 경영자원과 핵심역량을 의미하며, 몰입성은 파트너기업이 제휴를 성공적으로 유지하기 위하여 시간, 경영자원, 에너지 등을 제대로 투입하는가 하는 점을 의미한다.

특히, 호텔관광사업은 사업의 특성상 서로 제휴하여 파트너십을 유지하는 것이 중요한데, 예를 들어 항공사나 호텔 간의 마일리지 제휴, 항공사와 항공사 간의 좌석 및 마일리지 공유, 호텔과 호텔 간의 공동 마케팅활동 등을 들 수 있다.

[표 2-6] 제품마케팅과 관광마케팅의 특성 비교

마케팅 믹스	제품마케팅	관광마케팅
상품	유형의 물재	무형의 가치재
가격	연중 일정함	성 · 비수기 및 주중 · 주말에 따라 변동폭이 큼
유통	생산→유통→소비	판매→생산과 소비 동시 발생
촉진	성질과 편익강조 이성적 호소	이미지 유형화에 주력 감성적 호소
패키징	불필요	여러 개의 구성상품들을 하나로 묶어 단일가격으로 판매
프로그래밍	불필요	관광목적지에서의 관광활동은 일정한 프로그램에 따라 진행
파트너십	불필요	관광기업들 간의 적절한 제휴필요
종사원	불필요	인적 서비스품질 관리 필요

자료 : 이정학, 관광마케팅, 기문사, 2003 p. 51

Chapter 03

글로벌화와 호텔관광 마케팅

Chapter 03 글로벌화와 호텔관광 마케팅

1 | 글로벌화의 이해

1) 글로벌화의 개념

최근 세계경제가 큰 변화를 겪고 있는데 그 핵심적인 내용은 여러 가지 장벽에 의해서 국가별로 운영되던 경제시스템이 국가별로 언어(language), 문화(culture), 거리(distance) 등의 차이에도 불구하고 점점 하나의 경제 시스템으로 통합되는 경향을 나타낸다는 것이다.

이러한 현상 속에서 여러 국가들 간의 상호의존성(interdependence)도 점차 높아지고, 모든 산업은 더욱 빠른 속도로 글로벌화되고 글로벌기업들은 서로 무한경쟁을 하고 있는 현실이다. 글로벌 환경하에서 글로벌 마케팅에 대한 중요성도 더욱 증대되고 있으며, 기업들은 국내 마케팅뿐만 아니라 글로벌 마케팅에 대해서도 기업의 많은 역량을 활용하고 있다.

글로벌화(globalization) 또는 우리말로 세계화에 대한 정의는 다양하지만 일반적으로 기업이 개별국가시장에 대해 각각 다른 전략을 취하기보다는 전 세계시장을 하나의 시장으로 보고 통합된 전략을 수립하는 것을 의미한다(Porter, 1986 ; 장세진, 2004).

글로벌화는 시장의 글로벌화와 생산의 글로벌화의 두 가지 주요한 부분으로 구성되어 있는데, 시장의 글로벌화란 국가별로 나누어져 있던 시장을 하나의 거대한 글로벌시장으로 합병하는 것을 의미한다. 생산의 글로벌화는 기업들이 노동력, 토지, 원자재, 에너지 등의 생산요소들을 가격과 품질 측면에서 국가별 차이를 이용하여 제품과 서비스를 다른 지역에서 생산하는 경향을 나타내는 것을 의미하는데, 생산의 글로벌화가 일어나는 이유는 기업들이 경쟁기업들보다 경쟁우위를 확보하기 위하여 낮은 비용구조와 높은 품질을 소비자들에게 제공하기 위하여 노력하기 때문이다.

2) 글로벌화의 촉진요인

(1) 자본집약적인 생산방식과 규모의 경제의 중요성 증대

최근 모든 산업의 생산방식에서 공통적으로 일어나는 현상 중 하나는 노동집약적인 생산시스템에서 자본집약적인 생산시스템으로의 전환 가속화를 들 수 있다. 이러한 현상은 생산활동에 있어서 노동비용의 비중이 점차 감소하는 동시에 자본비용이 증가한다는 의미인데, 자본비용 증가의 주요한 이유는 연구개발비용의 증가와 첨단생산설비로 인한 비용 증가이다.

특히, 이러한 현상은 정보통신(telecommunication)과 생명공학(biotechnology) 등의 첨단산업과 자동차, 화학 등 생산비용이 많이 소요되는 산업에서 더욱 두드러지게 나타나고 있다. 이러한 생산활동비용의 증가로 기업의 입장에서는 규모의 경제(economies of scale)를 이용한 대량생산을 하게 되고, 국가별 내수시장만으로는 대량생산된 제품의 수요가 한정되어 있기 때문에 전 세계시장으로의 제품판매를 모색하게 된다. 우리나라의 현대, 기아자동차가 세계 곳곳에 생산기지를 건설하고 전 세계시장을 대상으로 자동차 판매에 힘쓰는 것이 좋은 예라고 할 수 있다.

(2) 정보화와 기술의 발전

글로벌화를 촉진시키는 요인 중 하나는 기술의 발전인데, 특히, 교통기술의 발전, 정보통신기술의 발전, 첨단산업기술의 발전 등을 이유로 들 수 있다. 먼저, 교통기술의 발전과정을 살펴보면, 제2차 세계대전 이후 항공산업기술의 발전과 컨테이너 운송의 도입으로 급격한 교통의 발전을 가져왔으며 이러한 교통산업의 급속한 발전이 글로벌화를 더욱 촉진시키는 중요한 원인이 되었다. 또한, 빠른 기술의 발전과 더불어 많은 연구개발(R & D)에 대한 투자가 글로벌화를 촉진시키는 원인이 되었다.

예를 들어 첨단산업이라고 할 수 있는 전자, 통신, 컴퓨터, 의약품제조산업 등에서는 총매출액에서 연구개발비용이 차지하는 비율이 평균적으로는 7~8%, 높게는 15%까지도 소요되고 있는데, 이와 같이 연구개발비용이 많이 투자되는 사업에서는 국내시장의 수요만으로는 그처럼 높은 연구개발비를 충당하기 힘들다. 그렇기 때문에 위에서 언급된 첨단산업의 경우 전 세계시장을 대상으로 신제품개발과 판매가 지속되어야 연구개발비용을 충당할 수 있게 된다. 따라서 이렇게 첨단산업에 속해 있는 다국적기업들이 시장을 전 세계를 대상으로 하고 있기 때문에 글로벌화는 더욱 가속화되고 있다고 할 수 있다.

(3) 전 세계 소비자 취향의 동질화

글로벌화의 가장 큰 요인 중 하나는 이질적이었던 각국 소비자의 취향이 점점 동질화되어가고 있다는 점이다. 이렇게 전 세계 소비자의 수요와 구매행태가 과거에 비해 동질화되고 있는 가장 큰 이유는 인터넷을 중심으로 한 정보통신기술의 발전이라고 할 수 있다.

이처럼 하루가 다르게 발전하고 있는 정보통신기술의 발전으로 기업들은 전 세계를 단일시장으로 보고 빠른 시간 내에 전 세계 소비자들의 수요에 부응할 수 있는 제품을 만들어야 경쟁력을 가지고 생존할 수 있게 되었다.

여기서 한 가지 비교해야 할 점은 최근 전 세계 소비자 취향의 동질화는 과거의 국제화의 영향으로 선진국에서 먼저 개발된 제품이 점차 저개발국가로 이동되어 시차를 두고 전 세계 소비자 취향이 동질화되었던 이른바 제품수명주기이론(product life cycle theory)과는 다르다는 것이다. 예전에는 시차를 두고 전 세계 소비자 취향의 동질화가 있었던 것에 비하여 최근에는 인터넷의 일반화로 선진국과 후진국과의 약간의 시차는 있겠지만 거의 비슷한 시기에 같은 제품이나 서비스에 대해서 전 세계의 모든 소비자들의 취향이 동질화되었다고 할 수 있다.

또한, 소비자취향의 동질성이 비슷한 시기에 나타나는 다른 이유로 전 세계 소비자들의 구매력 증대를 꼽을 수 있다. 개발도상국들의 경제적 발전이 국민들의 소득증대로 나타나고 이러한 국민들의 소득증대가 선진국에서 생산되는 제품을 소비하려는 경향으로 나타나고 있다.

(4) 무역장벽의 감소

최근 전 세계적으로 극소수의 국가를 제외하고 무역장벽이 낮아지고 있는 상황이며, 자본의 이동도 자유로워지고 있다. 특히, WTO(World Trade Organization : 세계무역기구)체제의 출현으로 이러한 현상을 앞으로 더욱 가속화될 것으로 예측된다.

또한 최근에는 국가들 간의 FTA(Free Trade Agreement)가 활발해지면서 무역장벽은 더욱 낮아지고 있다고 할 수 있다.

사례

글로벌라이제이션

롤랜드 빌링어(Roland Villinger) 맥킨지 서울사무소 대표
강혜진 맥킨지 서울사무소 부파트너

기업의 글로벌라이제이션(globalization)이란 기준으로 평가할 때 한국은 소수정예라는 특징을 갖고 있다. 글로벌 시장이란 링에 오른 기업은 많지 않지만, 챔피언은 많이 배출했다는 얘기다. 맥킨지가 2005년 말 기준으로 전 세계 시가총액 상위 2000개 기업(G2000)을 글로벌 경쟁력에 따라 등급을 평가한 결과, 3.4%인 68개 기업이 최고 등급인 '글로벌 챔피언(global champion)'으로 분류됐다. 글로벌 챔피언은 과거 10년간의 경영성과, 진출지역 및 사업의 다각화 정도, 매출액 · 시가총액 등 다양한 항목에서 강력한 글로벌 위상을 갖고 있는 기업으로, MS(마이크로소프트) · GE(제너럴일렉트릭) · 존슨앤존슨(Johnson&Johnson) · HSBC 등 내로라하는 서구 기업들과 함께 인도 릴라이언스그룹(Reliance Group) 등 아시아 기업들도 포함돼 있다.

■ 소수정예 한국의 글로벌 기업

조사결과를 들여다보면, 한국 입장에서 고무적인 현상과 우려스러운 대목이 한 가지씩 눈에 띈다. 먼저 고무적 현상은 한국이 경제규모에 비해 글로벌 챔피언을 많이 배출했다는 것이다. 세계 GDP에서 한국의 비중은 2% 남짓이지만, 글로벌 챔피언 중 4%(3개)를 한국 기업들이 차지했다. 실제로 GDP 1조 달러당 글로벌 챔피언의 수는 한국이 3.7개로, 미국(2.2개), 일본(0.7)개, 중국(0.4개) 등을 능가한다.

반면 우려스러운 대목은 한국에 글로벌 기업의 저변이 취약하다는 것이다. G2000 중 한국기업의 비중은 2%(41개)로 글로벌 챔피언(4%)의 절반 수준이다. 또 글로벌 챔피언의 다음 등급인 '글로벌 유망주(global contender)'로는 G2000 중 426개 기업이 선정됐는데, 이 중 한국기업의 비중은 2%(9개)에 그쳤다. 글로벌 유망주는 내수 시장에서 강력한 경쟁력을 갖추고 있지만, 사업규모와 진출지역, 사업분야의 다양성 등에서 글로벌 챔피언만큼의 수준을 확보하지 못한 기업이다. 인도 복제약(generic) 의약품 시장의 선두주자인 란박시(Ranbaxy)같은 기업들이 글로벌 유망주에 해당한다.

반면 중국의 경우, 글로벌 챔피언에서 차지하는 비중은 2%로 낮지만, 점진적으로 세계화를 진행하는 G2000이나 글로벌유망주에서 차지하는 비중은 각각 4%로 한국보다 높다. 특히 중국과 인도 기업들이 빠른 속도로 글로벌화하고 있다는 점을 감안할 때, 한국의 소수정예주의가 오래 지속되기는 어려울 것으로 보인다. 단적인 예로, 해외직접투자액의 경우 한국은 2003년 34억 달러에서 2006년 71억달러로 연평균 28% 증가하는데 그쳤지만, 중국과 인도는 같은 기간 연평균 77%, 68% 급증했다.

■ 글로벌라이제이션의 6가지 과제

글로벌라이제이션은 한국 기업이 피할 수 없는 숙명적 도전이자 극복해야 할 과제다. 하지만 성공적으로 글로벌화하는 것은 쉬운 일이 아니다. 실제로 성공보다는 실패 사례가 더 많다. 글로벌화 추진 과정에서 기업들이 직면하게 되는 주요 도전과제는 다음과 같다.

① "왜 글로벌인가?" 목표와 전략을 명확히 하라

의외로 글로벌화를 주장하는 많은 기업들이 왜, 어디서, 어떻게, 언제 글로벌화할지에 대한 명확한 전략을 갖고 있지 않아 실패하곤 한다. 글로벌화를 추진하는 기업들은 다음과 같은 몇 가지 질문을 던져봐야 한다. 진출하려는 시장이 매력적인가, 새로운 사업을 구축할 것인가 아니면 기존 업체를 인수할 것인가, 언제 어떻게 글로벌 전략을 실천에 옮길 것인가, 언제까지 임직원들의 역량을 글로벌 수준으로 키워야 하고 그를 위해 얼마만큼의 노력이 필요한가 등이다. 한발 더 나아가, 기업들은 R&D부터 판매까지 가치사슬(value chain)의 어떤 부분을 어느 지역에서 특화시킬 것인지를 고민해야 한다. 예컨대 원가경쟁력이 중요하면 인건비 · 재료비 · 운송비 등이 싼 지역에, 기술 경쟁력이 중요하면 인재 선발과 활용이 유리한 곳에 거점을 두는 식이다. 의류업체 리앤펑(Li&Fung)은 37개국 7500개의 협력기업 네트워크를 구축해 활용하고 있다. 방한복을 만들 때 직물 공급은 중국, 디자인은 홍콩, 지퍼는 대만, 재봉 작업은 방글라데시에서 이루어지는 식이다.

② 항상 M&A에 준비된 자세 갖춰야

HSBC와 미탈스틸 등 글로벌 챔피언의 약 65%는 인수합병(M&A)을 통한 성장에 크게 의존하고 있다. 반면 한국 기업들은 글로벌 M&A에 소극적이다. 언제라도 M&A를 추진할 수 있는 철저한 준비가 돼 있지 않을 경우, 매물이 시장에 나온 뒤에야 다급하게 검토하게 되므로, 인수기회를 놓치거나 너무 비싼 가격을 지불하는 잘못을 저지르기 쉽다. 이를 해결하려면 먼저 M&A의 전략적 목적을 명확히 한 후 잠재적 인수대상 리스트를 작성해 관리해야 한다. 또 회사 내에 M&A 전담팀을 구성해 내부적으로 전문성을 쌓고, 외부에 신뢰할만한 투자은행(IB)과 컨설팅회사 같은 자문단을 확보해야 한다. 세계 1위 철강업체인 미탈스틸 회장의 회고록에는 "그의 성공은 전 세계 지도를 놓고 손실을 내는 철강회사를 찾아 인수하고 흑자로 돌려놓는 노력에 있었다. 그는 끊임없이 다음 거래를 찾고 있다"는 평가가 실려 있다.

③ 외국의 법적 · 사회적 리스크를 고려하라

해외 M&A를 추진할 때는 노동법, 퇴직금 제도, 환경규제 등 그 나라만 독특하게 갖고 있는 위험요소를 고려해야 한다. 예컨대 미국의 경우, S&P 500대 기업의 85%는 퇴직연금을 지급하기 위한 내부 유보금이 부족한 상태이며, 부족금액은 총 1500억 달러에 달한다. 이러한 사안들을 제대로 평가하지 않고 인수했다가는 큰 낭패를 겪게 된다. 기업들은 정치 · 여론 등 경영 외적인 변수를 과소평가하는 경향이 있다. 중국 국영 해양석유공사(CNOOC)는 미국의 에너지 회사인 유노칼(Unocal) 인수를 시도했다가 반대여론 때문에 실패했다. 중국의 유노칼 인수를 반대했던 측은 "기간산업을 '적성국(敵性國)' 에 매각하는 것은 국가안보를 위협하는 것"이라며 반대여론을 조성했다. 중국은 대대적인 홍보캠페인을 벌였지만 효과를 보지 못했다.

④ 자사의 브랜드와 기업이미지 구축에 투자하라

글로벌 기업으로 성장하겠다는 야망을 가진 회사는 브랜드 가치와 기업이미지를 구축하는 투자를 게을리해서는 안 된다. 기업 이미지는 해외 시장에서 빨리 성장하는 데 큰 장애물이 될 수도 있다. 급성장하는 중국이 이미지 관리에 실패한 대표적 국가다. 글로벌 브랜드 담당자들을 대상으로 " 'Made in China' 표시가 중국기업의 이미지에 도움이 되는가, 해가 되는가"를 물어봤을 때 79%가 "해가 된다"고 답했다. 또 중국제품을 봤을 때 떠오르는 5가지 단어는 '싸다' '품질이 낮다', '가치가 낮다', '신뢰할 수 없다', '정교하지 않다' 로 조사됐다.

⑤ 글로벌 인재를 유치하고 충분한 책임과 권한을 부여하라

글로벌 경영을 주장하는 한국기업들이 가장 취약한 분야다. 선도적인 한국전자회사들은 매출액의 80%가 해외에서 발생하지만 외국 임원 비중은 평균 2~3%에 불과하다. 해외사업장의 주요 요직은 대부분 한국 본사에서 파견된 임직원들이 차지하고 있다. 이들은 다국적 문화에 대한 경험과 이해도가 낮을 뿐 아니라, 공식적인 보고체계를 무시하고 본사의 직속상사에게 비공식적으로 보고함으로써 현지 임직원들의 사기를 떨어뜨린다.

한국 기업들이 진정한 글로벌 기업으로 발돋움하고 싶다면 보다 적극적으로 외국인 경영진과 인재를 영입하고, 이들에게 적절한 책임과 권한을 부여해야 한다. 그러지 않으면 역량 있는 글로벌 인재의 유치는 더욱 어려워진다.

⑥ 조직과 문화의 통합을 위해 최고경영진이 직접 나서라

마지막으로, 장기적인 관점에서 조직과 문화를 통합하는 노력이 필요하다.

기업이 세계화할수록 조직은 더욱 복잡해지고, 임직원들은 자신의 생각을 정확히 전달하는 데 어려움을 겪게 된다. 문화 · 언어 등의 차이로 여러 국적의 동료와 일할 때 쓸데없는 오해와 갈등이 발생하기도 한다. 따라서 최고경영진은 외국의 문화와 언어를 이해하고 국가 간 네트워크를 구축하는 데 적극적으로 나서야 한다. 해외 M&A를 추진할 때도 문화적 진단과 함께 인수 후 통합 계획을 세워야 한다.

진화론의 창시자인 찰스 다윈은 "살아 남는 생물은 가장 강한 생물도, 가장 영리한 생물도 아니라 변화에 가장 잘 적응하는 생물"이라고 말했다. 역동적인 글로벌 경제의 변화 속에서 살아남기 위해서는 그 어느 때보다 민첩한 적응력이 필요하다.

공동기획 | McKinsey & Company

자료 : 조선일보, 2007. 10.19

2 | 글로벌화와 호텔관광산업

호텔관광 마케팅에서 중요한 부분은 글로벌화가 호텔관광산업에 어떠한 영향을 미치는가에 관한 부분인데 다른 산업과 마찬가지로 호텔관광산업도 글로벌화가 미치는 영향을 매우 크다고 할 수 있다. 먼저, 글로벌화가 일반화되면 더 많은 사람들이 여러 목적으로 다른 국가를 방문하는 국제관광이 활발해지기 때문에 호텔관광산업은 지금보다 더 많은 수요를 충족시켜야 하며 따라서 호텔관광산업 자체도 많은 발전이 이루어질 것으로 예측된다.

호텔관광 마케팅적인 측면에서도 지금보다 호텔관광기업들끼리 경쟁강도가 지금보다 더 높을 것으로 예측되기 때문에 경쟁기업들에 비해서 경쟁우위를 확보하기 위하여 경영의 여러 분야에서 치열한 경쟁이 예상되면 특히 마케팅 분야에서의 경쟁이 더욱 치열할 것으로 예상된다.

사례

6성급 '롯데호텔 모스크바' 오픈

IT기술 강점 살린 편의시설 완비? "따뜻한 한국의 情으로 고객 모실 것"

호텔업계 토종 선두주자인 롯데호텔이 아시아 호텔로선 처음으로 러시아에 진출했다. 이는 국내호텔 브랜드의 최초 해외 진출이기도 하다. 롯데호텔은 6월 15일 모스크바 뉴아르바트(New Arbat)에 6성급인 '롯데호텔 모스크바'를 부분 개관했다. 뉴아르바트 거리는 러시아를 대표하는 붉은 광장과 크렘린 궁전, 볼쇼이 극장 등이 자리한 중심가. 롯데호텔이 사실상 러시아의 심장부로 들어간 셈이다. 특히 올해는 한·러 수교 20주년이 되는 해여서 상징적인 의미가 크다.

호텔 주변에는 러시아 외무성과 정부종합청사, 80여 개국의 대사관과 전 세계 다국적기업도 밀집해 있다. 롯데호텔은 이러한 최적의 조건을 노리고 입성한 리츠칼튼, 파크하얏트 등 세계 특급호텔과 치열한 고객유치 경쟁을 벌일 전망이다. '롯데호텔 모스크바'는 지상 10층, 지하 4층 규모로 총 객실 수는 304실(일반 266실, 스위트룸 38실)이다. 여기에 모스크바를 방문하는 각 나라 국빈을 위해 521㎡ 규모의 러시아 최대 크기를 자아하는 로열 스위트룸이 상징적으로 마련됐다.

한국형 호텔 서비스 해외 진출 교두보

한국의 강점을 최대한 살린 편의시설은 세계 특급호텔을 압도한다. 어느 나라도 따라올 수 없는 세계 최정상의 정보기술(IT)이 호텔 곳곳에 활용됐다. 객실 전체에선 유·무선 초고속 인터넷도 이용할 수 있다. 또한 호텔 3층에는 비즈니스 미팅에서부터 화상회의까지 가능한 회의실, 500㎡ 규모의 클럽라운지가 들어서 비즈니스맨들의 편의를 해준다.

동양인보다 유럽 고객이 많기 때문에 침대도 큰 사이즈를 비치했으며, 러시아는 겨울이 6개월 이상 지속된다는 점을 고려해 객실 화장실마다 온열 바닥과 비데를 설치했다. 지하 1층엔 상류층과 외교관등을 겨냥한 피트니스센터와 실내 수영장, 세계 1위 스파체인인 '만다라 스파'가 마련돼 있다. 레스토랑 역시 이름만 들어도 전 세계 미식가의 오감을 자극

할 만한 세계 최고의 레스토랑이 들어선다. 미슐랭 3스타를 2001년부터 9년 연속 거머쥔 피에르 가니에르 셰프가 운영하는 '르 메뉴 파 피에르 가니에르(Les Menus par Pierre Gagnaire)'와 뉴욕 최고급 일본식 레스토랑 '메구(MEGU)'가 러시아인과 세계인의 미각을 유혹할 것이다. 세계 최고 수준의 하드웨어뿐 아니라 한국 특유의 부드럽고 섬세한 서비스도 제공해 고객들의 마음을 사로잡는다. 이른바 따스함과 배려의 '정(情)'을 강조한 친절 서비스로, 얼음장 같은 러시아 특유의 딱딱한 호텔 서비스에 대한 고정관념을 깨트릴 참이다. 한국형 호텔 서비스의 봄바람이 러시아에 부는 것이다.

한국적 서비스 교육을 실시했다. 그 결과, 리츠칼튼이나 파크하얏트 등에서 지원한 직원들도 고객을 향해 정을 담아 무릎을 꿇고 머리를 숙이는 서비스 마인드에 익숙해지게 됐다.

롯데호텔은 이번 '롯데호텔 모스크바'의 오픈을 한국형 호텔 서비스를 해외에 알리는 기폭제로 삼는다는 각오다. 그런 의미에서 모스크바점 오픈은 단순히 건물의 해외 진출이라는 의미를 뛰어넘는다. 좌상봉 대표이사는 "호텔 영업 외에도 위탁경영, 기술지도 등 다양한 사업을 추진해 외국 호텔 체인들에게 한국 호텔 브랜드의 저력을 보여줄 것"이라며 "'롯데호텔 모스크바'의 성공을 발판 삼아 2013년에 베트남 하노이, 2014년에는 중국 선양과 인도 등에 진출해 2018년까지 국내외에 50개 호텔 체인을 운영하겠다"는 포부를 밝혔다.

자료 : 2010. 7.27, 동아일보.

3 | 글로벌화와 호텔관광 마케팅 향후 전망

1) 글로벌화와 호텔관광산업

글로벌 경쟁환경하에서의 호텔의 특성을 잘 이해하고 있는 세계적인 대형 호텔 체인들은 신속한 자원의 공유와 위험을 분산하여 경쟁우위를 확보하기 위하여 현지 파트너들과의 전략적 제휴(strategic alliances)를 활발하게 시도하고 있다.

또한, 글로벌화의 가속화와 국제관광산업의 촉진으로 인하여 유명한 브랜드를 보유한 세계적인 체인호텔들은 자사의 브랜드에 대한 글로벌화를 최대한 촉진시켜 같은 상품의 호텔네트워크를 통한 성과향상을 추구한다. Hilton, Hyatt, Marriott 등과 같이 글로벌 네트워크를 형성하고 위탁경영(management contract)이나 프랜차이즈 형태로 운영되고 있는 호텔과 신라호텔, 롯데호텔 등과 같이 국내에서 독자적인 브랜드를 형성하고 있는 호텔들과는 여러 가지 관점에서 차이점이 있다. 세계적인 체인호텔들은 세계를 단일시장으로 인식하면서 세계 여러 지역에서 서비스의 표준화를 유지함으로써 고객의 지속적인 신뢰를 유지하고 이러한 신뢰를 바탕으로 특화된 브랜드와 호텔기업으로서의 고유한 이미지를 유지하려고 한다(Kusluvan and Karamustafa, 2001; 구태회, 2007, p.13에서 참조하여 재인용). 즉, 글로벌 전략적인 차원에서 전 세계를 동일시장으로 보고 표준화된 같은 상품을 제공하는 글로벌 전략(global strategy)을 구사한다. 한편, 지역 내에서 독자적인 브랜드를 보유한 독립호텔들은 글로벌 전략을 구사하는 체인호텔들과 경쟁하기 위하여 현지화된 상품과 서비스를 특화시킨다. 즉, 글로벌 전략적인 관점에서 현지화 전략(multidomestic strategy)을 구사한다. 물론, 글로벌 전략적인 관점에서 완전한 글로벌 전략이나 현지화 전략을 구사하는 다국적기업들은 존재하지 않고 모든 기업들이 글로벌 전략적인 측면과 현지화 전략적인 측면이 모두 포함되어 있지만 어느 부분에 초점을 맞추느냐에 따라 글로벌 전략의 유형을 현지화 전략(multidomestic strategy), 글로벌 전략(global strategy), 초국적 전략(transnational strategy) 등으로 분류할 수 있다.

자본집약적인 생산방식과 규모의 경제의 중요성 증대, 교통, 정보통신, 첨단기술 등 기술의 발전, 전 세계 소비자 취향의 동질화 경향, FTA(Free Trade Agreement)의 활성화 등으로 인한 세계무역장벽의 감소 등으로 인하여 글로벌화가 더욱 촉진되고 있는 현실에서 호텔산업은 향후 그 전망이 매우 밝은 산업이라고 할 수 있다. 이러한 글로벌화의 촉진은 국가 간의 경계를 약하게 하며 이로 인해 더욱 많은 사람들이 관광과 사업적인 목적으로 다른 국가의 방문이 빈번해지기 때문에 글로벌화와 더불어 호텔산업은 더욱 발전하게 된다. 따라서 글로벌화와 호텔산업은 매우 밀접한 관계를 가지고 있다고 할 수 있다.

세계적인 유명 브랜드를 보유한 호텔기업들은 크게 세 가지 전략으로 시장진입을 모색하였다(구태회, 2007, p41). 첫째, 동일브랜드 호텔 수를 늘림으로써 자국 내에서 경쟁력을 강화시킨다. 둘째, 국내 및 국외에서 틈새시장을 충족시킬 다른 수준의 호텔브랜드를 지속적으로 개발한다. 셋째, 해외에 있는 신규시장을 개척하기 위해 호텔 브랜드마다 동일한 서비스 수준과 상품력을 구축한다. 혁신적인 호텔기업일수록 시기에 따라 이상의 세 가지 전략을 한 가지씩 번갈아 가면서, 또는 일괄적으로 그 모두를 다 적용하여 글로벌시장으로 진입을 시도하고 있다.

한편, 호텔관광산업은 자동차산업, 석유산업과 함께 그 규모가 가장 큰 산업 중 하나이며, 특히 국제관광의 발전으로 인하여 향후 가장 전망이 밝은 산업 중 하나라고 할 수 있다. 이러한 이유 때문에 다른 산업도 마찬가지이겠지만 호텔관광산업에서의 마케팅은 특히 중요한 부분이라고 할 수 있다.

요즘 우리나라의 상황과 같이 고용 없는 저성장 시대에는 성장 잠재력이 크고 고용창출 효과가 높은 호텔관광산업에 주목할 필요가 있다. 2010년 우리나라를 찾은 관광객 수가 880만 명으로 1990년이래 3배 증가하는 등 한국 관광산업의 외형은 크게 확대되었다. 그러나 1인당 관광소비액이 1990년 1,203달러에서 2010년 1,108달러로 감소하는 등 호텔관광상품의 품질은 답보상태이며 호텔관광산업 전방의 경쟁력에 취약하다고 할 수 있다. 이러한 환경하에서 우리나라의 호텔관광산업의 미래 트랜드 변화를 파악하여 선제적으로 대응함으로써 한국 호텔관광산업의 수준을 업그레이드할 필요가 있다. 그러기 위해서는 먼저 향후 호텔관광산업의 몇몇 트랜드 변화를 예측하고 대비하는 것이 필요한 부분이며 그 내용은 다음과 같다(주민영 외, 2011 참조).

(1) Culture : 대중문화 관광

향후에는 미디어의 발달로 문화 확산 속도가 빨라지며 영화, 음악, 문학 등 대중문화가 호텔관광산업의 주요 컨텐츠로 부상하고 있다. 세트장, 촬영지를 관광상품화하는 영화관광이나 문학, 음악 작가의 흔적과 작품 배경지를 돌아보는 호텔관광상품의 대표적인 예라고 할 수 있다.

(2) Edutainment : 체험학습 관광

여가의 가치가 증대되며 색다를 체험으로 자기계발을 가능하게 하는 교육관광 컨텐츠가 확산되고 있다. 학습 욕구가 높고 경제력을 갖춘 시니어 세대 대상의 Learning Vacation이나 모험을 즐기는 Trytoursumer 대상의 모험 레포츠가 인기를 끌고 있다.

(3) Soul : 마음치유 관광

복합적인 요인들로 인해서 경영환경의 불확실성이 높아지면서 자기 수양을 목적으로 하는 요가, 템플스테이 등이 주목받고 있다.

(4) Smart : 스마트 관광

SNS 등을 활용한 스마트라이프의 확산으로 호텔관광소비의 플랫폼과 형태가 변화하고 있다. SNS 및 스마트폰을 고객과의 소통을 위한 플랫폼으로 활용하는 기업들이 늘어나고 있는 추세이다.

(5) Dream : 꿈을 파는 관광

개인이 실현할 수 없다고 여겼던 우주여행, 심해탐험 등 꿈을 현실화하는 이색 서비스가 시장에 등장하며 호텔관광산업에 새로운 자극을 주고 있다. 극지탐험이나 평생 꿈꾸던 직업을 체험해보는 보케이션 베케이션(vocation vacation) 등이 대표적이다.

(6) Fair : 모두를 위한 관광

소비적 여행이 남기는 환경오염, 문화훼손, 관광업 종사자 인권침해 등에 대한 반성에서 출발하여, 지역 주민과 공동체에 도움이 되는 방향으로 여행을 하는 공정여행이 대두되고 있다.

(7) China : 관광의 핵심고객 중국

중국이 세계 4위의 관광소비국으로 부상하는 등 세계관광시장의 핵심 고객이 되고 있다. 중국인 관광객 유치를 위한 각국 정부의 노력도 치열하다.

2) 우리나라 호텔관광 마케팅의 향후 전망

글로벌화와 정보화 등으로 호텔관광산업의 규모가 커지면서 세계적인 글로벌 체인호텔기업들을 경쟁기업과의 치열한 경쟁에서 경쟁우위를 확보하기 위하여 핵심역량을 개발하고 있는데 특히 마케팅 분야에서의 경쟁을 더욱 치열하다고 할 수 있다. 호텔뿐만 아니라 여행사, 항공사 등 호텔관광산업과 연결된 다른 기업들과 각각의 산업군에서 경쟁우위를 확보할 뿐만 아니라 확보한 경쟁우위의 유지를 위해서 끊임없이 전사적인 차원에서의 마케팅에 노력을 기울이고 있다.

이러한 경영환경하에서 우리나라 호텔관광기업들의 최근 이슈가 되는 부분은 다음과 같으며, 특히 중국과 일본 관광객들을 표적시장으로 한 시장의 규모가 빠르게 커지고 있으며 호텔관광기업들은 따로 중국과 일본관광객만을 대상으로 마케팅전략을 수립하여 마케팅 활동을 강화하고 있다. 또한 우리나라 호텔관광산업의 취약부분인 중저가호텔시장에서도 기존의 개념을 뛰어넘는 마케팅 전략으로 경쟁이 더욱 치열해지고 있다고 할 수 있다.

(1) 중저가호텔의 경쟁전략

중저가호텔은 싱글룸 기준 8평 내외로 특급호텔의 서비스를 배제하고 최소한의 비즈니스 관련 시설만 갖춘 호텔을 의미하는데 식음료시설은 최소화하고 수영장, 벨 데스크, 룸서비스 등 특급호텔의 서비스를 배제하고 주로 숙박기능에 초점을 맞추고 있다.

세계 각지의 중저가 호텔들은 특급호텔에 비해서 상대적으로 가격이 저렴하지만 시설이 깨끗하고 쾌적한 환경으로 차별화된 마케팅전략으로 많은 시장점유율을 차지하고 있다. 이러한 상황에서 세계 유명 중저가호텔 브랜드들이 우리나라에도 진출을 가속화하고 있는데 2000년대 들어 ibis, Best Western 등의 외국계 중저가호텔이 진출하여 특급호텔 중심의 우리나라 호텔시장에 변화를 유도하였다. 그 이후 일본의 도요코인과 미국의 Courtyard by Marriott 등이 진출하여 점점 시장점유율을 높여가고 있는 상황이다.

따라서 이러한 중저가호텔시장에서 경쟁이 더욱 치열해지고 있기 때문에 각각의 중저가호텔 브랜드들은 차별화된 마케팅으로 소비자들의 만족도와 자사의 브랜드 가치를 높이려고 노력하고 있는데, 2011년 10월 오픈한 이비스 앰배서더 부산은 이비스 호텔 최초로 호텔 내에 병원을 갖추고 있다.

Bestwestern은 단일 브랜드로는 세계 호텔산업에서 가장 규모가 큰 호텔 브랜드로 연간 5,000만 명 이상이 이용하고 있는데, 베스트웨스턴 이외에 베스트웨스턴 플러스, 베스트웨스턴 프리미의 2개의 브랜드를 소유하고 있다. 베스트웨스턴은 고객들에게 다양한 보상프로그램 제공, 선불 여행카드 시스템 도입 등과 같은 차별화된 마케팅전략으로 중저가호텔시장에서 충성도 높은 고객들의 반복 구매를 유도하고 있다고 할 수 있다.

(2) 중국 관광객들을 대상으로 한 마케팅

최근 중국 및 일본관광객들의 증가로 우리나라의 호텔관광기업들은 이들만을 대상으로 적극적인 마케팅활동을 펼치고 있다. 특히, 중국관광객의 경우 중국경제의 성장과 소득의 증가로 중국인의 해외관광이 늘어나고 지출액도 커짐에 따라 우리나라 뿐만 아니라 많은 다른 나라들도 중국관광객들을 유지하기 위한 마케팅 활동을 펼치고 있다.

중국여행사협회의 자료를 보면 1993년 374만 명이던 중국인 해외관광객은 2009년 4,766만 명으로 13배 증가했고, 2010년에는 5000만 명을 돌파하였으며 2009년 자료에 의하면 중국인 해외관광객의 67%는 지리적으로 가깝고 비자발급이 용이한 홍콩, 마카오, 일본, 한국 등 아시아권 국가들을 방문하고 있다. 따라서 중국의 해외관광객 중 대다수가 아시아권 국가들을 방문하고 있기 때문에 우리나라의 호텔관광기업들은 중국관광객들을 표적시장(target market)으로 하는 마케팅 전략이 필요하다고 할 수 있다.

우리나라뿐만 아니라 다른 국가와 호텔관광기업들도 중국인 관광객 유치를 위하여 규제완화, 대형 리조트를 비롯한 관광지 개발 등을 통해서 중국관광객들에 대한 마케팅을 강화하고 있다. 일본은 정부차원에서 중국관광객 유치를 위해서 2012년까지 중국인 관광객 300만 명 유치를 위해서 2010년 7월부터 중국인관광객에 대한 비자발급조건을 완화하고 있으며 유럽 항공사들도 중국노선의 확대, 서비스 개선 등 중국관광객들에 대한 마케팅 활동을 강화하고 있다. 특히 에어프랑스는 모든 중국 노선에 중국인 승무원을 배치하고 기내식으로 중국음식을 제공하고 있다.

Chapter 04

호텔관광 마케팅 환경

Chapter 04 호텔관광 마케팅 환경

마케팅 환경이란 기업의 마케팅 목표달성에 영향을 미치는 기업의 내부요인과 외부요인을 말하며 크게 거시환경과 미시환경으로 분류할 수 있으며, 거시환경은 기업의 입장에서 통제가 거의 불가능한 환경요인으로서 기업의 경영전략에 영향을 미치며 인구통계적 환경, 경제적 환경, 사회 · 문화적 환경, 기술적 환경, 정치 · 법률적 환경 등이 있다.

호텔관광기업들이 경쟁기업들과의 치열한 경쟁에서 경쟁우위를 확보하고 확보한 경쟁우위를 지속적으로 유지하기 위해서는 전략적인 마케팅관리가 필요한데 전략적인 마케팅관리란 시장환경과 기업에서 구사하는 전략 간의 적합성을 개발하고 유지하는 과정을 의미한다. 따라서 마케팅전략을 수립하기 위해서는 환경에 대한 이해가 선행되어야 하는데 환경분석이란 변화하는 시장환경에 대한 이해를 통해 기업이 당면하고 있는 기회와 위협 및 최근 트랜드 등을 파악하고 예측하는데 그 목적이 있다고 할 수 있다. 이러한 환경분석이 최근에는 빠르게 변화하는 정보통신 환경 및 소비자의 다양한 욕구로 인하여 더욱 중요하기 때문에 호텔관광기업들의 환경분석은 기업의 입장에서 매우 중요한 부분이라고 할 수 있다.

1 | 거시환경 분석

거시환경은 호텔관광기업의 전략과 직접적으로 관련이 있으며 고객, 경쟁자, 산업구조에까지 영향을 미치는 가장 근본적인 요인이라고 할 수 있다. 거시환경의 변화는 고객의 욕구를 변화시킬 수 있을 뿐만 아니라 산업의 구조를 변화시키고 경쟁자들의 대응전략까지 변화시킬 수 있는 매우 중요한 부분이라고 할 수 있다. 거시환경에서 경제적 환경은 전체시장 규모에 대한 직접적인 영향을 미치며, 사회 · 문화적인 환경은 새로운 수요로 인한 신규시장을 창출할 수 있다.

1) 인구통계적 환경

인구통계적 환경(demographical environment)이란 인구와 이와 관련된 모든 특성에 관한 통계학적 연구를 말하며, 인종, 직업, 연령, 성별 등이 여기에 속한다.

2) 경제적 환경

경제적 환경(economical environment)이란 기업의 생산활동이나 소비자의 구매력과 관련된 다양한 요인들을 의미한다. 경제호황기(prosperity)와 침체기(recession) 등의 경제주기, 경제성장률, 1인당 국민소득, 금리, 인플레이션, 환율, 주식시세 등에 따라서 기업들의 마케팅 활동은 영향을 받게 된다.

3) 사회 · 문화적 환경

사회 · 문화적 환경(socio-cultural environment)이란 문화적 관습과 가치관, 소비자행동, 소비자의 신념이나 선호도 등으로 마케팅활동에 있어서 매우 중요한 영향을 미치는 환경이다. 특히, 최근에는 사회 · 문화적 환경이 급변하기 때문에 기업의 입장에서는 마케팅활동을 하는데 있어서 어려움이 많아지고 있다.

사례

거시적 환경변화에 따른 식품업계의 새로운 패러다임과 전망

최근에 식품업계를 둘러싸고 나타나는 거시적 환경변화를 분석함으로써 식품업계의 새로운 패턴을 전망해 볼 수 있다. 다양한 거시환경 중에서 특히 인구통계적 환경과 경제적 환경, 그리고 사회/문화적 환경과 기술적 환경은 식품업계에 미치는 영향이 크다고 할 수 있다. 이하에서는 주목할 만한 거시환경의 변화와 그로 인해 발견되는 식품업계 마케팅의 새로운 패러다임에 대하여 분석해 보고자 한다.

사회/문화적 환경

여성의 사회진출이 왕성해지고 맞벌이 부부가 증가하면서 오늘날 소비자들은 쇼핑하는 데 쓰는 시간을 가족과의 여행이나 취미생활에 쏟아 붓고 있다. 뿐만 아니라 1970년대에 태어나 2000년대에 30대로 접어드는 현재의 20대 미혼 남녀를 지칭하는 싱글시장도 빠르게 성장하고 있는데 이들은 음식을 집에서 손수 해먹기보다는 외식이나 인스턴트에 의존하는 경향이 많다.

실제로 어느 잡지 회사에서 조사한 바에 의하면, 20대 후반 직장에 다니며 혼자 사는 여성들은 집에서 요리하는 데 쏟을 수 있는 시간이 부족하기 때문에 3끼 식사 가운데 평균 한끼 반은 외식으로 해결하며 나머지 한끼 반 중에서도 반끼는 인스턴트 음식으로 대체한다고 한다. 따라서 시간을 절약할 수 있고, 조리하기 간편한 인스턴트 음식들의 성장이 예측되며, 단체급식시장의 증가도 동시에 이루어질 것으로 보여진다. 또한 식생활의 서구화와 자동차 인구의 증가 그리고 정적인 생활태도로 인해 최근 들어 국내에서도 비만과 성인병이 중요한 사회문제가 되고 있는 실정이다.

따라서 미국 등의 예와 같이 비만과 성인병 예방을 위한 저지방식품, 무지방식품, 저염식품 형태의 제품발매가 증가하고 보편화될 것으로 예상된다. 1980년대부터 서서히 소비자의 구매결정에 영향을 미치기 시작한 요소 중의 하나는 건강이다. 이에 따라 최근 들어 건강지향적인 식품의 발매가 가속화되고 있는 추세이며, 얼마 전 이슈가 된 콩라면이라든가 기능성 원료의 식품첨가 등이 대표적인 예이다.
이외에도 최근 두드러지는 사회현상 중의 하나는 바로 양극화이다. IMF 이후 양극화는 기업구조뿐만 아니라 사회전반에 나타난 현상으로 식품에서도 일반제품과 프리미엄제품의 양극화 현상이 나타나고 있다. 제과, 음료, 생필품은 물론 주류에서까지 이런 양극화 현상은 더욱 심화될 것으로 예상되며, 양분된 시장대응을 위해 일시적으로 기업의 마케팅비용은 증가될 것으로 예상된다. 당분간 이런 현상이 지속됨에 따라 마케팅도 이를 고려한 전략이 필요하다고 보여진다.
또 다른 사회현상 중의 하나는 복고주의와 향수를 지향하는 '자연으로의 회귀' 현상이다. 자연으로의 회귀를 원하는 소비심리의 증가에 따라 건강과 천연을 지향하는 제품의 증가가 예상된다. 따라서 무가공 및 저가공 식품과 전통적인 방법에 따라 가공된 식품 등 다양한 식품군이 선보일 전망이다.
마지막으로 문화적 환경의 변화는 식품업계에 적지 않은 영향을 미치고 있는데 그 중 하나가 캐릭터 열풍이다. 21세기 고부가가치 산업으로 떠오르고 있는 캐릭터 산업은 제품이 아닌 캐릭터를 구매한다는 말에서 알 수 있듯이 식품업계에 미치는 파급효과도 크다. 최근 포켓몬과 같이 제과와 음료 등에서 이용되고 있는 캐릭터마케팅은 10대를 대상으로 한 마케팅전략에서 중요한 위치를 차지하고 있다. 캐릭터마케팅의 부각과 함께 향후에는 기존의 캐릭터를 단순히 사용하는 것에 그치지 않고, 캐릭터업체와의 제휴 또는 고유의 캐릭터 개발 등을 통해 제품이미지에 적합한 의미를 담고 있는 캐릭터의 개발이 이루어질 것으로 예상된다.

경제적 환경

1990년대부터 여성의 사회진출로 맞벌이 부부가 증가되고 그 결과 가구별 가처분소득이 늘어나면서 외식문화가 일반화되고 있다. 이에 따라 패스트푸드시장의 성장이 예상된다. IMF로 인한 성장속도가 다소 주춤하기는 하였으나, 최근 들어 각 업체의 광고, 가격할인, 점포 수 확대경쟁 등 공격적인 마케팅이 진행되고 있다. 이러한 결과 시장규모면에서도 큰 폭의 성장이 이루어질 것으로 예상된다.

인구통계적 환경

20세기는 젊은이의 시대였다고 할 수 있다. 출산율 급증으로 총인구에서 젊은이들이 차지하는 비율이 늘었고, 또한 이들은 경제적 풍요 속에서 소비문화를 주도했으며 현재도 중요한 계층임에 틀림없다. 하지만 사회 · 경제적 여건의 변화로 출생률이 점차 줄어드는 추세에 있는 반면 생활수준의 향상 및 의학의 발달로 평균수명은 점차 늘어나는 추세를 보이고 있다. 실제로도 특별한 이변이 없는 한 출생률 감소와 노령인구 증가라는 트렌드는 지속될 것임에 틀림없다.

출생률의 저하와 고령화 사회로의 진입은 마케팅적으로 커다란 의미를 갖게 될 것이다. 먼저, 가족이 핵가족화되고 자식을 하나만 낳는 부부가 많아지면서 어린이 고객의 절대적 수는 감소하겠지만 하나만 낳아 잘 키우자는 생각을 가진 부부가 많아졌기 때문에 어린이 일인에게 지출되는 금액은 오히려 증가되고 있는 추세이다. 이러한 추세 때문에 어린이 시장은 10대와 함께 향후 성장이 예견되는 중요한 시장이다. 가족구조의 변화 및 인식의 변화 등에 따라 과거와는 달리 이제 어린이도 상당한 구매결정권을 갖고 있다. 최근 제과류가 주류이던 어린이 시장에서 음료, 육가공, 유가공까지 어린이를 대상으로 한 제품의 차별화가 나타나고 있으며, 이런 경향이 신규시장의 창출 및 부가가치 증대라는 측면에서 지속적으로 이루어질 것으로 전망된다. 또한 인구의 노령화는 실버 식품시장의 성장을 예고한다. 2005년경이면 한국도 노령화 사회에 접어들 전망이다. 특히 이들은 과거와는 달리 경제력이 향상되면서 상당한 구매력을 보유하고 있는 계층으로 이들에게 익숙한 생활문화와 식생활 특성을 접목한 시장의 차별화와 선점은 중요한 시장의 기회가 될 것이다.

기술적 환경

인터넷의 발달은 식품 구매패턴에 변화를 가져올 것으로 예상된다. 현재는 일부에서 소규모로 이루어지고 있으나, 택배 시스템의 발달과 인터넷의 보급에 따라 부식 및 주식을 일일주문, 배달하는 형태의 새로운 식료품 구매형태가 자리잡을 것으로 예상된다. 21세기에는 정보와 생명과 환경이 모든 산업의 테마가 될 것으로 보고 있다. 식품산업에서도 이런 테마를 활용한 마케팅전략과 급변하는 시장변화에 대응하고 새로운 시장기회를 찾는 기업만이 무한경쟁시대에 생존하는 기업으로 남을 것이다.

자료원 : 마케팅 실천 성공사례집 II, 한국마케팅 연구원

4) 기술적 환경

기술적 환경(technological environment)이란 최근의 마케팅 환경 가운데 가장 빠르게 변화하고 있는 부분으로 기업은 기술혁신을 통해서 성장할 수 있으며 새로운 기술은 새로운 기업들에게 새로운 시장기회를 제공한다.

5) 정치 · 법률적 환경

정치 · 법률적 환경(political-legal environment)이란 정부의 정책과 법률이나 조세제도 및 정치단체나 시민단체와 관련된 환경을 의미한다. 특히, 정치 · 법률적 환경에서는 정부의 기능이 중요하게 작용하는데 정부는 정책이나 법을 통해서 기업활동을 지원하는 기능과 규제하는 기능을 수행하게 된다. 정부의 지원기능(supportive function)이란 정부가 기업이 단독으로 수행하기 어려운 일들을 정부의 고유권한이나 책임을 수행함으로써 기업을 도와주는 기능을 말한다. 또한, 정부의 규제기능이란 각종 조사 · 감독기능과 독점방지 등을 의미한다.

[표 4-1] 거시환경분석의 차원과 방법

환경적 차원	다룰 수 있는 질문의 예	적당한 분석방법
사회문화적 /인구통계적	1) 기업이 활동하는 시장의 사회적, 문화적 그리고 라이프스타일 분야에서 어떠한 경향이 부각되고 있는가? 2) 이런 추세들이 기존 제품 및 새로운 제품의 수요를 창출하는데 어떻게 영향을 미치겠는가? 3) 향후 몇 년간 인구성장과 인구이동에 어떤 경향들이 존재하겠는가? 4) 이러한 경향들에 기인한 기회와 위협들은 무엇인가?	언론자료분석 라이프스타일 분석 소비자 설문조사
경제적	1) 기업이 현재 활동중이거나 미래에 활동할 계획이 있는 시장들의 경제적 전망은 어떠한가? 2) 그것들이 사업에 어떠한 영향을 미칠 것인가?	거시경제적 예측모델
기술적	1) 현재 제품이나 제조공정에 영향을 미칠 새로운 기술들이 존재하는가? 2) 현새 기술의 라이프사이클의 추세는 어떠한가?	기술적 예측방법들 라이프사이클 분석
정치적	1) 규제에 있어 어떤 변화가 일어날 것인가? 2) 사업의 수요에 있어서는 어떤 영향을 미칠까? 3) 기업이 진출하려고 하는 국가에 어떤 정치적 위험이 존재하는가?	규제의 분석 환경 주시 대중여론 조사
기타	1) 여러 가지 추세들 중 어떠한 미래환경의 시나리오가 부각될 것 같은가? 2) 어떻게 기업이 이런 변화에 적응해야 하는가?	시나리오 분석 교차영향력 분석

2 | 경쟁자 분석

1) 경쟁의 의미

마케팅전략을 펼치는 기업은 경쟁자의 정의가 간단하지는 않지만 중요한 점은 기존의 경쟁자만 경쟁자가 아니라 잠재경쟁자를 항상 의식해야 한다는 것이다. 또한, 시장을 제품이 아닌 고객의 관점에서 정의할 때 타 제품의 경쟁도 생각해야 하는데 이처럼 경쟁의 중요한 의미는 제품이나 기술에 있어서 얼마나 비슷한가가 아니라 궁극적으로 소비자로부터 비슷한 반응을 유발시키는 정도라고 할 수 있다. 다시 말하면 두 가지 제품이 서로 다르더라도 소비자 입장에서 같은 욕구를 충족한다고 인식된다면 그 두 제품은 경쟁제품이라고 여겨질 수 있다. 이와 같이 경쟁에 있어서 주요한 원인은 대체성(substitutability)이라고 할 수 있다.

2) 경쟁자 분석 요인

기업과 기업제품의 경쟁대상이 확인된 다음 여러 경쟁자에 대하여 다각적인 분석이 이루어져야 한다. Aaker(2001)는 다음과 같은 사항에 대한 분석을 통하여 경쟁자의 강점과 약점이 파악될 수 있다고 주장하였다. 또한, 이러한 분석은 향후 생각할 수 있는 기회와 위협을 예측하는 데 유용할 수 있으며 자사의 향방에 대한 경쟁자의 반응도 어느 정도 예측이 가능할 수도 있다(한상만, 2004 : pp. 88-91).

(1) 일반 외형 특징

경쟁자의 일반 외형 특징은 측정이 쉬운 변수들을 의미한다. 대개 경쟁사의 매출, 성장률 그리고 자산규모 등은 여러 재무제표를 통하여 확인할 수 있지만 시장점유율과 수익성은 상대적으로 측정이 어려울 수 있다.

시장점유율(market share)은 시장의 지배력을 의미하므로 이를 측정하는 것이 중요하며 경쟁사의 성장률은 경쟁사의 미래 패턴을 암시하므로 이 변수의 측정도 마찬가지로 필히 있어야 한다. 경쟁사의 수익성은 경쟁사 원가분석으로 간접적으로 추정이 될 수 있는데 수익성이 높은 기업일수록 자본부담이 적어지고 자급자족한 경영과 마케팅이 가능해진다. 뿐만 아니라 기존 또는 계열사업을 확장하는 데 추가로 투자할 수 있는 여력이 있다.

(2) 이미지와 포지셔닝

기업과 기업의 브랜드들은 오랜 역사를 통하여 소비자들 마음속에서 어떠한 성격(personality)을 지닐 수 있다. 이러한 성격은 반드시 좋은 것만은 아니며, 하나의 경쟁 포인트가 될 수 있다. 기업 입장에서는 활동하는 무대에서 소비자가 고려하는 여러 브랜드가 각각 어떠한 연상(association)을 지니고 있는지 파악할 필요가 있고 이러한 기반을 이용해서 자사 브랜드의 이점과 경쟁사의 단점을 부각시킬 필요가 있다.

(3) 경쟁자의 목적과 의지

기업은 시장에서 경쟁기업과 비교해서 높은 가치를 제공할 수 있을 때 경쟁우위를 갖게 되는데 고객들이 자사가 제공하는 제품과 서비스의 가치를 경쟁기업의 제품과 서비스에 비해서 높게 평가해주고 기업의 입장에서 충분한 이익이 창출될 만큼 높은 가격을 지급하려고 할 때 경쟁우위를 확보할 수 있다.

이러한 경쟁우위를 확보하기 위해서 경쟁자의 목적과 의지분석은 한 시장에서 경쟁자의 현재뿐만 아니라 미래의 지속적인 관여를 예측하는데 유용하다. 가령 경쟁사의 여러 외형 목표 달성 여부 혹은 그 달성 정도에 따라 사업유지 혹은 폐업이 결정될 수 있다. 물론 기업은 경쟁사의 성향을 잘 감지하여 경쟁사의 향방을 예측해야 한다. 이를테면 어떤 경쟁사는 목표달성 부진으로 인해 폐업을 결정할 수도 있겠지만 다른 경쟁사는 오히려 더 많은 투자를 불사할 수 있다. 이 때문에 단순한 정량적인 목표분석만이 아닌 정성적인 경쟁사의 의지(commitment)에 대한 분석이 불가피하다. 특히 여러 관련된 사업을 펼치는 경쟁사일수록 일부 사업에 대해서 적자를 감당하려는 의지가 강한데 이는 다른 사업의 재정상태가 문제가 없거나 아니면 그 적자사업이 재무보다 다른 측면, 가령 기술학습 차원에서 도움이 되기 때문이다. 예컨대 웬만한 한국 반도체회사들은 미국 실리콘밸리에 현지법인을 두고 있는데 그 목적은 매출보다 기술학습이 더 강하다. 이처럼 경쟁사 목적과 의지분석에는 사업부 차원에서만 이행하는 것보다는 경쟁사 모기업까지 포함하여 여러 계열사에 대한 역할분담이 무엇인지 추정하는 것이 중요하다.

(4) 현재와 과거 전략

경쟁사의 전략 연혁(strategy history)이 그 회사의 향후 행동을 예측할 수 있는 중요한 근거가 될 수 있다. 사람 개개인은 성장과정이 있고 그 과정이 한 개인의 생활패턴을 말해주듯이 기업도 전략 연혁이 한 기업의 현재뿐만이 아닌 미래 경쟁 패턴을 말해주게 된다. Aaker(2001)는 어떤 사업에 대한 경쟁사의 과거 실패는 그 사업에 대한 기피성향으로 향후 나타날 수 있다고 주장하였다.

(5) 조직과 문화

마케팅전략에 경쟁사 조직과 문화에 대한 분석이 흔하지 않지만 때로는 중요할 수 있다. 위에서 언급된 전략 연혁은 겉으로 나타난 경쟁사의 행동을 보여주지만 경쟁사의 조직과 문화는 그 행동 이면에 존재하는 경쟁사의 성향을 말한다. 기업의 조직과 더불어 중요한 기업의 특징이 조직문화인데 이는 경쟁사 내부에 공유하는 가치, 공유하는 규범 그리고 공유하는 상징과 상징적 활동에 의하여 형성된다.

Miles와 Snow(1978)는 경쟁과 관련하여 기업의 조직문화와 형태를 네 가지로 구분하였다. 첫째 유형은 탐색형(prospector)으로 이들은 신규 시장을 선점하지만 이를 오랫동안 지탱하지 못하는 경쟁문화를 의미한다. 둘째 유형은 방어형(defender)으로 이들은 안정적인 시장에서 확고한 일부분만을 한결같이 지키는 문화를 의미한다. 셋째 유형은 분석형(analyzer)으로 이들은 주력사업을 지키면서 고성장 신규사업을 탐구하려는 문화를 의미한다. 마지막으로 넷째 유형은 수동형(reactor)으로 이들은 뚜렷한 전략이 없는 관계로 성과가 부진한 경쟁사를 뜻하며 자원부족으로 신규사업 개발도 피하는 문화를 의미한다.

(6) 원가구조

경쟁사의 원가구조 분석은 경쟁사의 원가우위전략의 향방은 물론 경쟁사의 수익과 관련된 시사점도 제공한다. 뿐만 아니라 경쟁사 가격전략 분석에 중요한 기반이 될 수 있다.

예를 들어 자본집약적 산업에서는 감가상각이 거의 다 된 경쟁사를 아주 위협적인 경쟁사로 취급한다. 그 이유는 고정비용에 대한 부담이 없으므로 변동비용 위주의 가격책정을 펼칠 수 있기 때문이다. 경쟁사의 정확한 원가정보는 쉽게 얻기 힘들지만 간접적으로 추정될 수 있다. 가령 산업 그리고 자사에서 관행적으로 소요되는 인건비, 자본비, 물류비, 원자재 등을 토대로 경쟁사의 여러 상황여건에 적용 또는 수정하여 경쟁사의 원가를 추정할 수 있다.

(7) 철수장벽

시장에 진입하는 진입장벽뿐만 아니라 철수장벽은 자사뿐만 아니라 경쟁사의 이동성(mobility)을 좌우하는 요소로 대두되는데 철수가 어려운 상황일수록 경쟁이 심화될 수 있고 경쟁사의 반응이 격해질 수 있다. 경쟁사가 직면하는 철수장벽의 형태는 아주 다양하다(Porter, 1980). 특유한 자산을 보유한 경쟁사는 이를 다른 사업으로 전향할 수 없으므로 사업부진에도 불구하고 버티게 된다. 또한 여러 종류의 고정비용이 높은 경쟁사일수록 철수가 어려워진다. 예컨대 특정 사업에 관련된 전문 장기계약 인력이 많은 경쟁사는 사업전환이 어려워진다. 또한 정성적으로 애착이 강한 사업일수록 경쟁사는 철수를 고사하게 된다.

3 | 시장 분석

일반적으로 시장 분석을 실시하게 되는 목적 중 하나는 현재의 경쟁자 및 잠재적 진입자가 특정산업에 대해 느끼는 매력도를 측정하는 것인데, 시장 분석은 아래와 같은 요소들로 구성되며 특정시장에 참가한 기업의 장기적 투자수익률로 측정될 수 있는 시장의 이익 잠재력이 바로 시장의 매력도를 의미한다.

1) 시장규모

시장규모는 자사제품의 판매가 얼마나 될 수 있을 것인가를 결정짓는 가장 기본적인 요소로, 일반적으로 큰 규모의 시장은 작은 규모의 시장에 비해 더 많은 이윤창출의 기회를 제공하기 때문에 그 만큼 시장에 대한 매력도가 높다고 할 수 있다. 그러나, 큰 규모의 매력도를 지닌 시장일수록 그만큼 더 경쟁을 치열하게 된다.

2) 시장성장률

시장성장률(market growth)이 높은 시장은 잠재적으로 기업들이 이윤 창출의 기회가 더 많기 때문에 매력적으로 느끼지만 많은 기업의 시장진입으로 인하여 그 만큼 경쟁은 더욱 치열하게 된다.

3) 제품수명주기 단계

일반적으로 제품수명주기(product life cycle)는 도입기, 성장기, 성숙기, 쇠퇴기로 나누어지는데 도입기는 초기단계로서 판매가 낮은 속도로 증가하는 단계이며, 성장기는 제품의 판매가 급속히 증가하는 단계이며 성숙기는 제품의 판매증가가 둔화되지만 판매가 최고조에 달하며 쇠퇴기에는 판매가 감소하는 시기이다. 일반적으로 기업들에게는 성장기에 해당하는 시장이 매력적이지만 반드시 그렇지 만은 않다고 할 수 있다.

그러므로 각 제품수명주기의 단계별로 시장의 매력도가 고정되어진 것은 아니며, 같은 단계에 있는 시장이라도 그 세부상황과 기업의 사정에 따라 매력도는 달라질 수 있기 때문에 각 기업은 현재 시장이 제품수명주기상에 속한 단계와 현재 자사가 보유한 기술 및 제품의 특징을 함께 고려하여 시장의 매력도를 평가해야 한다.

4) 수익성

수익성(profitability)은 시장마다 차이가 있는데 시장에 따른 수익성의 차이는 그 산업의 생산방식이 노동집약적인지, 자본집약적인지, 경쟁강도, 제조기술 등에 의해서 유발된다. 위의 요소들을 평가해서 수익성이 높은 시장은 매력도가 높은 시장이라고 할 수 있다.

5) 판매의 주기성

호텔관광시장의 경우 성수기와 비수기가 뚜렷하게 구별되어 매출액이 규칙적인 주기를 보이면서 오르락내리락하게 된다. 이렇게 판매의 주기성이 다른 산업보다 높은 시장은 일반적으로 다른 산업에 비해 매력도가 떨어지게 된다. 물론, 기업은 이러한 시장의 주기성을 먼저 파악한 후 자사의 능력과 환경과 맞는지 평가해 보아야 한다.

4 | 내부환경 분석

내부환경 분석이란 자사의 성과수준, 강점과 약점, 그리고 한계점 등을 파악하는 과정으로 시장 분석이나 경쟁자 분석에 비하여 접근 가능한 정보의 양이 많으므로 보다 심층적으로 상황을 분석하는 것이 가능하다.

자사분석의 내용은 다음과 같은 사항들이 포함된다.

1) 자사분석 내용

(1) 성과분석

일반적으로 자사분석은 성과분석을 기초로 하게 되며 이러한 분석을 통해서 기존의 사용하고 있는 전략을 검토하고 전략의 수정 여부를 결정하게 된다. 성과분석은 기업의 장기적 혹은 단기적 사업목표를 고려해서 분석되어야 하며 그 목표에 따라서 성과측정의 해석이 달라져야 한다.

(2) 원가분석

기업이 시장에서 경쟁우위를 확보하는데 가장 중요한 요인 중 하나가 원가상의 우위를 확보하는 것이기 때문에 자사분석에 있어서 원가분석을 하는 것은 매우 중요하다. 원가분석에는 현재의 원가구조와 원가수준을 파악하고, 미래의 원가구조와 원가수준 파악, 경쟁자가 비교한 현재 및 미래의 원가우위 지속 여부 등을 파악하는 것이 포함된다.

(3) 강점과 약점

자사의 강점과 약점을 분석할 때 주요 경쟁자를 비교대상으로 하여 시장전략을 위한 자사의 강점과 약점이 평가되고 분석될 수 있다. 이러한 기업의 강점과 약점에 대한 분석은 현재는 물론 앞으로 다가 올 미래의 상황까지도 분석되어야 하며 현실적으로 마케팅, 재무, 인사, 생산 등의 경영기능을 중심으로 접근하는 것이 효과적이다.

(4) 기업내부 능력의 분석

기업은 원활한 마케팅활동의 수행을 위해 기업내부의 생산, 인사, 연구개발, 관리 등 많은 다른 부서들과 긴밀한 관계를 유지해야 한다. 이와 같이 마케팅활동은 독립적인 기능이 아니라 기업 내의 다양한 부서들의 의사결정에 영향을 미치기 때문에 기업 내 여러 부서의 내부능력을 분석하는 것이 중요하다.

(5) 과거와 현재의 전략

기업의 강점과 약점을 결정하기 위해서는 과거와 현재의 전략을 검토해야 하는데 기업의 기본전략이 무엇인지를 이해하게 되면 조직의 강점과 약점이 무엇인지를 제대로 이해하는데 도움이 될 수 있다.

2) SWOT 분석

전략수립은 기회를 활용하고 위협을 회피하거나 새로운 기회로 변화시키기 위한 것이며, 환경변화에 따라 기회와 위협이 교차한다면 바람직한 전략대안을 어떻게 선택할 것인가 하는 문제가 제기되는데, 이러한 문제해결을 위하여 조직능력의 관점에서 일정시점의 주요 환경요인을 기회와 위협으로 분류하고 이들을 전략적 관점에서 자사의 강 · 약점과 결합시켜 효과적인 전략을 수립하는 과정이 SWOT 분석이다. 다시 말하면 SWOT 분석은 강점(Strengths), 약점(Weaknesses), 기회(Opportunities), 위협(Threats)의 매트릭스를 통해서 바람직한 전략을 수립하는 과정을 의미한다.

[표 4-2] SWOT 분석 시 고려해야 할 사항

강점(내부적)	약점(내부적)
-탁월한 능력	-불분명한 전략적 방향
-적절한 재무적 자원	-쇠퇴해 가고 있는 경쟁적 지위
-좋은 경쟁적 기술수준	-낙후된 시설
-구매자들이 자사에 대하여 가지고 있는 호의적인 생각	-평균 이하의 수익성
-인정받고 있는 시장선도자	-관리적 깊이와 재질의 결여
-잘 수행되고 있는 기능별 전략	-주요 기술이나 능력의 결여
-규모의 경제 활용	-빈약한 전략수행
-비밀기술	-매해결 중인 내부운영상의 문제
-원가상의 유리점	-연구개발투자에서의 열등
-경쟁상의 유리점	-열등한 제품의 품질
-제품혁신능력	-경쟁상 불리점
-입증된 경영능력	-평균 이하의 마케팅 기술
	-전략변경에 필요한 자금동원능력의 부족
	-기타
기회(외부적)	**위협(외부적)**
-새로운 시장과 세분시장에의 진입	-새로운 경쟁자의 진입가능성
-제품계열의 추가	-대체제품으로 판매량 증가
-관련제품으로의 다각화	-느린 시장성장
-보완제품의 추가	-역행하는 정부의 방침
-수직적 통합	-증대되는 경쟁적 압력
-보다 좋은 전략적 집단으로의 이행력	-경기후퇴와 경기변동에의 가변성
-경쟁사간의 화목	-증대되는 고객이나 공급자의 교섭력
-빠른 시장성장	-역으로 바뀌고 있는 인구통계
-기타	-기타

자료 : 채서일, 마케팅, 2004, 학현사 p. 152

Chapter 05

호텔관광 마케팅 전략

Chapter 05 호텔관광 마케팅 전략

1 | 전략의 개념

최근 우리는 여러 경로를 통해 주변에서 전략이라는 말을 많이 접하게 된다. 전략(strategy)이란 용어의 어원은 strategos라는 희랍어에서 시작되었는데 원래의 의미는 장군이 갖추어야 할 기술이나 과학을 의미한다. 특히, 기업에서는 경영전략이나 전략경영이라는 단어를 많이 사용하게 되는데, 조금 더 세부적으로 분류하면 마케팅 전략, 생산전략, 재무전략, 국제경영 전략 등으로 분류할 수 있다.

이처럼 여러 분야에서 전략에 대해서 사람들의 관심이 높아지고 있고 그 중요선이 증대되고 있다. 경영전략이란 '희소한 경영자원을 배분하여 기업에게 경쟁우위를 창출하고 유지시켜줄 수 있는 주요한 의사결정' 이라고 정의될 수 있다. 아래 그림은 전략에 대한 다양한 정의를 제시하고 있다.

앞에서 제시한 경영전략의 정의에서 중요한 단어는 '희소한' 경영자원을 배분한다는 사실이다. 만일 경영자원이 희소하지 않다면 전략을 논할 필요가 없지만 개인, 기업, 국가 등은 시간, 자금, 인력 등 희소한 경영자원을 배분해야 하는 의사결정에 직면하고 있다(장세진, 경영전략 pp.6~7, 박영사, 2002).

여러 학자들의 전략에 대한 정의를 살펴보면 전략이란 기업의 목표를 달성하기 위하여 계획하고 실행하는 의사결정이라는 점을 공통적으로 내포하고 있다.

또한, 경영전략은 일반적으로 경쟁상황을 가정한다. 경쟁이 없는 상황에서는 전략을 논의할 필요가 없기 때문이다. 우리가 살고 있는 현대사회는 무한경쟁 사회이기 때문에 경쟁은 필수적인 상황이라고 할 수 있다. 따라서 그만큼 전략에 대한 중요성도 커지게 된다.

[표 5-1] 전략의 정의

저자 및 저서	전략의 정의
손자, "손자병법"	전략이란 생존에 중요한 역할을 하는 것으로써 삶과 죽음의 문제이기도 하며 안전과 존망에 영향을 미치는 것이다. 어떠한 경우라도 전략을 소홀히 여겨서는 안 된다.
Chandler, "Strategy and Structure"	전략이란 기업의 장기적인 목표의 결정과 그 목표를 달성하기 위한 행동을 결정하고 경영자원을 배분하는 것이다.
Andrews, The concept of strategy	전략이란 기업의 목표와 그 목표를 달성하기 위한 여러 가지 계획이나 정책을 말한다. 또한, 전략은 그 회사가 어떤 사업 분야에 참여하고 있어야만 하고 그 회사가 어떠한 성격의 회사이어야 하는가를 결정하는 중요한 이론이다.
Ohnae, "The mind of the strategist"	경영전략이란 한 마디로 어떻게 하면 경쟁자에 비해서 경쟁우위를 가질 것인가 하는 문제이다. ……. 경영전략은 효율적인 방법으로 경쟁자에 비해서 그 기업의 경쟁우위를 상승시키는 노력이라고 볼 수 있다.

자료원 : 장세진, 경영전략 p.6, 박영사, 2002 재정리

2 | 전략의 계층구조

일반적으로 경영전략은 기업수준에서의 전략을 의미하는데 최근에는 기업의 조직구조가 복잡해지고 계층화됨으로써 기업수준 전략(corporate level strategy), 사업부수준 전략(business unit level strategy), 제품 · 브랜드수준 전략의 세 가지로 분류되고 있다.

[그림 5-1] 경영전략의 3가지 계층

1) 기업수준 전략

기업수준(corporate level)의 전략은 끊임없이 변화하는 시장환경 속에서 기업의 사명과 목표를 달성하기 위하여 기업이 가지고 있는 여러 가지 기능을 유기적으로 결합하여 경영자원의 효율적인 배분을 도모하고자 하는 관리과정을 말한다. 기업수준에서 전략을 수립하기 위해 가장 핵심적으로 고려되는 사항은 그 기업이 경쟁하는 시장과 산업의 범위를 결정하는 것이다. 즉, 기업전략은 자사가 현재 가지고 있는 업의 범위를 조망하여 미래에 다가올 시장상황의 변화와 내부에 축적된 역량을 파악하여 향후 기업이 나아가야 할 거시적 방향을 설정하고 이에 따른 지침을 마련하는 것이라고 할 수 있다. 이를 위해 기업수준에서 결정하는 사항들은 다각화, 기업 인수합병, 해외진출 등 기업이 참여하게 될 업의 범위와 규모에 관련된 것들이며, 자원의 획득, 기업이 사용할 신기술, 목표고객, 시너지효과의 극대화, 기업 활동의 통제방법 등의 사항도 다루어져야 할 필요가 있다(한상만 외, 2004 : p. 13).

한편, Walker와 Boyd, Larreche는 기업수준의 전략에서 필요한 요소를 다음과 같이 다섯 가지로 정리하고 있다.

(1) Scope, Mission, Intent

가) 사업영역을 어떻게 가져갈 것인가?

나) 어떤 소비자를 대상으로 전략을 수립해야 하며 이를 위해 활용해야 하는 기술은 무엇인가?

다) 어떤 전략적 목표를 가지고 있어야 하는가?

(2) Objective

가) 어떤 성과차원에 역량을 집중할 것인가?

나) 어느 정도 수준의 성과가 목표로서 적절한가?

다) 성과를 달성하기 위하여 어느 정도의 시간을 투자할 것인가?

(3) Development Strategy

가) 지속적인 성장을 하기 위하여 어떤 방법을 취할 수 있을까?

나) 목표로 하는 성장수준을 달성하기 위하여 현재 보유한 업의 범위를 확장할 필요성이 있는가?

다) 미래에 지속적인 성장을 하기 위하여 새로운 사업으로 다각화를 추진해야 하는가 아니면 카테고리 내에서의 다각화를 추진해야 하는가?

(4) Resource Allocation

가) 최대의 성과를 달성하기 위하여 각 사업부에 한정된 자원을 할당할 수 있는 방법은 무엇인가?

나) 사업부 수준에서 결정된 각 전략들 중에 최대의 성과를 달성할 수 있게 만드는 대안은 어떤 것인가?

(5) Source of Synergy

가) 각 사업부 간에 어떤 역량이 공유되어야 하며 개발되어야 하는가?

나) 효율성을 높이기 위하여 각 사업부간 공유할 수 있는 자산은 무엇인가?

2) 사업부수준 전략

사업부(business unit)란 독자적인 사업전략을 가질 뿐만 아니라, 그 책임자가 판매와 이익에 대해 책임을 지는 조직단위를 말한다. 사업부수준(business unit level)의 전략은 자사의 사업부 단위의 경쟁전략을 수립하는 것으로, 사업부가 속해 있는 시장에서 경쟁우위를 확보하거나 유지할 수 있는 방법을 찾는 것을 그 목적으로 하고 있다. 즉, 시장에서 어떠한 제품들을 판매할 것인가, 어떠한 세분고객을 대상으로 할 것인가, 혹은 사업부 내에 있는 각 기능들은 어떻게 관리되어야 할 것인가 등에 관련된 문제를 다루고 있으며, 어떻게 경쟁사와 경쟁할 것인가라는 방안에 대해 다루게 된다.

사업부수준의 전략목표는 기본적으로 기업 수준에 설정된 목표와 일관성을 가지고 있어야 하지만 일관성을 확보한 뒤에는 사업부가 가지고 있는 독립적 위치와

권한을 이용함으로써 경쟁우위를 강화하여 표적시장에 대한 경쟁력을 제고하고, 강력한 마켓 리더십을 구축하는 것을 원칙으로 한다. 또한, 자사 사업부가 시장에서 필요한 역량을 모두 갖추지 못하더라도, 사업부의 핵심역량이 발휘될 수 있는 최적의 시장을 결정하고, 공략에 필요한 전략 프로그램을 설계하여, 특정 산업 내에서 경쟁사보다 우수한 경쟁전략과 핵심역량을 구축하는 것이 매우 중요하다(한상만 외, 2004 : p. 15).

3) 제품 · 브랜드수준의 전략

제품 · 브랜드수준의 전략이란 좀 더 구체적인 마케팅 목표를 달성하기 위해 취하는 기본 노선이며, 이러한 제품 · 브랜드수준의 전략을 일반적으로 마케팅 전략이라고 한다. 마케팅 전략의 주요 목적은 표적시장에서 기업의 마케팅 목표를 달성하기 위해 마케팅 자원과 활동을 효과적으로 관리 · 수행해 나가는 것이다. 이를 위해 표적시장에 대한 정의와 차별화된 포지셔닝 전략의 수립, 마케팅 전략 실행을 위한 구체적인 마케팅 믹스 요소의 관리 및 배분이 수행되어야 한다. 전략은 위에서 언급된 계층구조에 의해 서로 일관성 있게 수립되는 것이 중요하다. 만약 각 계층구조 간의 일관성이 결여된다면 전략의 방향성이 모호해짐에 따라 기업이 보유하고 있는 자원의 낭비를 초래할 수 있을 뿐만 아니라 기업의 생존에도 큰 영향을 미칠 수 있다(한상만외, 2005 : p. 15).

3 | 호텔관광 마케팅 전략의 이해

1) 기업 전략

(1) 기업 전략 계획의 수립과정

가. 기업미션의 정의

기업사명(corporate mission)이란 기업의 장래 설계를 해놓은 것을 의미하는데 조직이 장기적으로 무엇을 추구해야 할 것인가에 대한 최고경영층의 관점이라고 할 수 있다.

최고경영층의 기업미래에 대한 관점은 기업사명문(mission statement)이라고도 하는데, 기업사명문은 최고경영층이 추구하는 장기적 목표를 공식적으로 밝힌 요약문이라고 정의할 수 있다.

마케터들은 항상 다음과 같은 근본적인 질문을 제기하고 기업사명이 이들을 명확하게 반영하고 있는지를 검토해야 한다(인광호외, 2005 : p. 47).

가) 우리회사는 어떤 사업을 하고 있는가? (Waht is our business?)

나) 우리의 고객은 누구인가? (Who is the customer?)

다) 우리의 사업이 고객들에게 어떤 가치를 제공하는가? (What is value to the customer?)

라) 우리 사업이 앞으로 어떻게 될 것인가? (What will our business be?)

마) 우리 사업이 앞으로 어떻게 되어야 할 것인가? (What should our business be?)

나. 기업목표의 결정

기업목표란 기업이 달성하고자 하는 구체적인 성과목표를 의미하는 것으로서 너무 추상적이거나 광범위한 기업목표는 기업의 전략을 수립하는데 방향을 제시하기 어렵게 된다.

바람직한 기업목표는 실현가능해야 한 것이어야 하며, 가능한한 계량적으로 서술되는 것이 바람직하다고 할 수 있다. 또한, 수행되어야 할 여러 가지 기업목표들을 추상적인 것에서부터 구체적인 것에 이르기까지 계층적으로 서술하는 것이 바람직하며, 마지막으로 기업목표들은 상치되지 않고 일관성이 유지되어야 한다. 예를 들어 매출과 이익을 동시에 극대화하려는 기업목표는 목표는 좋지만 자세히 살펴보면 각 목표들이 서로 상치되어 일관성이 부족하다고 할 수 있다.

다. 사업 포트폴리오의 결정

① 전략사업 단위의 확인

기업의 사명과 목표를 결정한 후에 마케팅관리자는 자사가 보유하고 있는 기존 사업들의 매력도를 평가하여 기업의 강점과 시장 기회를 잘 활용할 수 있는 매력적인 사업들로만 구성되는 최적의 사업포트폴리오를 구성해야 한다. 기업은 기존 사업믹스의 매력도에 대한 평가를 내리기 전에 기업을 구성하는 복수의 사업이나 제품들을 전략수립에 용이한 전략사업 단위(SBU : Strategic Business Unit)로 나누는 작업을 먼저 수행한다.

전략사업 단위는 독자적인 마케팅 전략수립이 필요한 관련사업들끼리 함께 묶은 조직으로 정의될 수 있으며, 한 전략사업 단위는 다른 전략사업 단위와 별개로 비용지출 및 마케팅전략 수립 · 집행이 이루어진다. 또한, 각 전략수립 단위는 완전히 독립된 별개의 사업으로 보아야 하므로 각 전략사업 단위는 기업전체 수준에서 내려진 사업정의 안에서 나름대로의 독자적 사업정의를 가지고 있어야 한다.

② 사업 포트폴리오에 대한 평가와 전략적 결정

기업이 여러 사업들의 매력도를 평가하는데 사용하는 주요한 도구 중 하나가 사업 포트폴리오 분석(business portfolio analysis)이다. 사업 포트폴리오 분석의 핵심적인 내용은 기업을 구성하는 여러 사업들의 경쟁적 강점과 시장 매력도를 평가한 다음, 경쟁력이 강하고 시장매력도가 높은 사업에는 더 많은 자원을 투입하고 경쟁력이 약하고 시장매력도가 낮은 사업은 처분하는 등의 의사결정을 통해 최적의 사업 포트폴리오를 유지하는 것이다.

가장 널리 알려진 사업포트폴리오분석 방법으로는 Boston Consulting Group (BCG)의 성장(growth)-점유율(share) 분석이 있다.

③ BCG 성장-점유율 분석

성장-점유율 분석은 미국의 Boston Consulting Group에 의해 1960년대에 개발되었으며, 이는 각 SBU가 기업전체에 현금을 공급할 능력을 보유하고 있는지 혹은 기업으로부터 현금지원을 제공받아야 하는지를 평가하기 위해 사용되었다.

BCG의 성장-점유율 분석은 BCG 매트릭스(matrix)라고 불리는데, BCG 매트릭스는 회사 내 여러 사업들을 시장성장률과 시장점유율이라는 두 변수를 양축으로 표시하여 각 사업의 상대적 매력도를 비교할 수 있게 하였다.

BCG 매트릭스는 시장성장률의 높고 낮음과 시장점유율의 높고 낮음에 따라 물음표(question mark), 별(star), 자금 젖소(cash cow), 개(dog)의 4부분으로 나누어진다. 먼저 물음표(question mark)에 속한 사업부는 높은 시장성장률과 낮은 상대적 시장점유율의 사업부로서 산업이 급성장함에 따라 많은 경쟁자들이 시장에 진출해 있으나 자사의 사업부는 제품개발의 지연이나 소극적 마케팅 활동 등으로 인해 시장점유율이 미미한 상태이다. 물음표에 속한 사업들은 앞으로 성공 가능성이 높은 사업들만 잘 선별하여 투자를 하여야 한다. 별(star)에 속한 사업부는 시장성장률과 높은 상대적 시장점유율을 가진 사업부로 점유율 유지를 위해 지속적인 마케팅 노력을 기울여야 하는 사업이다.

일반적으로 별군에 속한 사업부는 제품시장의 급성장에 따라 많은 경쟁자들이 산업에 진출할 것이 예상되므로 기존의 높은 시장점유율을 계속 유지하기 위해 연구개발, 생산설비확장, 소비자를 대상으로 한 광고 등에 많은 투자가 필요하다. 별군에 속한 사업부는 지금 당장은 기업의 전체 자금흐름에 많은 도움을 주지는 않지만 향후 시장의 성장률이 감소하는 성숙기로 접어들 경우 기업의 주요 자금원으로 활용될 사업군이다.

자금 젖소(cash cow)사업부는 낮은 시장성장률과 상대적 시장점유율의 사업부로서 해당 산업이 성숙기로 접어들면서 전반적으로 매출의 증가가 둔화되고 있지만 그동안 많은 투자를 해놓았기 때문에 높은 점유율을 유지하고 있는 사업부이다. 자금 젖소 사업부는 높은 시장점유율과 매출로 인하여 자금의 유입은 높지만, 연구개발, 시설투자 등에 대한 투자가 이미 완료된 상황이어서 지출은 상대적으로 많지 않은 사업부이다.

[그림 5-2] BCG 성장-점유율 모델

라. 기업성장 전략의 개발

기존 사업부들에 대한 평가 결과 기존 사업만으로 기업사명 및 기업목표의 실현이 가능하다면 별 문제가 없지만, 그렇지 않다면 신규 사업으로의 진출을 통해 지속적인 기업성장을 추구하여야 한다. 새로운 사업을 통한 기업성장은 크게 다음과 같은 세 가지 방법을 통해 이루어질 수 있다(안광호 외, 2005: p. 72).

가) 집중적 성장(intensive growth) 전략 : 기존사업 범위 내에서 성장의 가능성을 추구함.

나) 다각화 성장(diversification growth) : 현재의 사업과 관련이 있거나 없는 신규사업으로 진출하여 성장을 추구함.

다) 수직적 통합(vertical integration growth) 전략 : 제품의 공급체 인상에서 현재 사업과 관련하여 상위분야와 하위분야로 진출함으로써 성장을 추구함(예 : 공급받던 원자재를 내부에서 생산하는 경우).

2) 사업부 전략

(1) 사업단위 수준의 전략적 의사결정

여러 사업을 운영하는 기업은 일반적으로 전략사업단위(SBU : Strategic Business Unit)를 중심으로 조직을 구성한다. 각 전략사업단위의 책임자는 해당 사업단위의 목표와 전략을 결정하며, 이러한 결정은 최고경영층의 승인을 받아야 한다. 각 사업단위의 관리자는 사업단위에 포함될 제품시장들에 대한 결정, 전략사업단위의 목표와 사업범위의 결정, 제품시장과 기능부서별 경영자원의 배분, 각 제품시장에서 지속적 우위의 구축을 위한 경쟁전략의 선택 등의 의사결정을 내려야 한다.

(2) 사업단위의 경쟁전략

기업은 사업단위의 경쟁우위를 확보하는데 있어서 낮은 원가, 우수한 품질과 서비스 이외의 다른 원천에 의존할 수도 있는데 Miles and Snow는 제품시장 개발방식에 근거하여 공격형(prospectors), 분석형(analyzers), 방어형(defenders), 반응형(reactors)의 4가지 유형의 사업전략을 제시하였다. 공격형의 전략을 구사하는 사업단위는 새로운 제품과 시장의 적극적 개발을 통해 성장을 추구한다. 방어형 사업전략은 신제품개발을 통한 성장보다는 기존의 제품시장에서 구축된 포지션을 유지하는데 역점을 둔다. 분석형 전략은 공격형과 방어형의 중간에 위치하는데, 핵심 제품시장에서 구축된 강력한 포지션을 유지하려고 노력할 뿐 만아니라 기존의 핵심제품시장과 관련성이 높은 새로운 제품시장으로 확장하려고 시도하기도 한다. 반응형 전략을 선택한 사업단위는 명확하게 정의된 전략을 가지고 있지 않다.

[표 5-2] Miles and Snow의 사업전략 유형에 대한 정의

사업단위 전략 유형	특성
공격형(prospector)	-광범위한 제품시장 영역에 진출하며 정기적으로 제품시장 영역을 재정의함 -높은 수익성의 실현 여부에 상관없이 새로운 제품과 시장의 선점자가 되는 것을 중요시함 -기회요인의 발생에 신속히 대응하며 이러한 대응으로 인해 흔히 새로운 경쟁적 조치를 업계에 도입하게 됨 -새로운 시장기회의 창출에 의해 주로 경쟁하려고 하며 진출한 모든 시장에서 계속 경쟁우위를 유지하지 못할 수 있음
방어형(defender)	-비교적 안정적인 제품영역에서 확실한 포지션을 구축. 유지하려고 함 -경쟁사에 비해 상대적으로 제한된 제품범위를 유지함 -경쟁사에 비해 저가격, 고품질, 우수한 서비스의 제공을 통해 자신의 사업영역을 보호하려고 함 -해당산업에서 기술, 신제품, 개발에서 선두주자는 아니며 자신의 사업영역과 직접 관련되지 않은 산업상의 변화에 대해 무시하는 경향이 있음
분석형(analyzer)	-공격형과 방어형의 중간형태-공격형에 비해 제품시장 영역이 좁으며 제품시장 다변화의 대응속도가 느리며, 방어형에 비해 안정성과 효율성에 대한 집착 정도가 낮음 -안정적이고 제한된 제품계열을 유지하려고 하지만 산업 내의 새로운 전개상황 가운데 유망하다고 판단되는 것들을 선별적으로 수용함 -선점자는 아니지만 상대적 저원가 혹은 고품질의 제품을 가지고 두 번째 혹은 세 번째 제품시장 진입자가 되는 경우가 흔함
반응형(reactor)	-잘 정의된 경쟁전략이 부재함 -제품시장에 접근하는데 있어 일관된 시각을 갖고 있지 않음 -새로운 제품 혹은 시장을 개발하려는 위험을 감수하려는 의지가 없음 -기존의 제품을 적극적으로 판매하려고 하지 않음 -환경변화의 압박이 높을 경우에만 대응함

4 | 호텔관광기업의 제품수명주기별 마케팅 전략

글로벌화, 정보화 등으로 인한 고객들의 다양한 욕구를 만족시키기 위해서 호텔관광기업들은 치열하게 경쟁하고 있으며 이러한 환경하에서 경쟁기업에 비해 경쟁우위를 확보하고 확보한 경쟁우위를 지속적으로 유지하기 위해서 이전에는 없었던 새로운 서비스를 제공하는 등 마케팅적인 측면에서의 변화가 빠르게 일어나고 있다. 이러한 상황에서 호텔관광기업들은 제공하는 제품이나 서비스의 주기별로 다른 마케팅전략을 구사할 수 있다(안광호 외, 2006 참조).

1) 신제품시장에서의 마케팅 전략

시장개척기업은 시장상황이나 기업이 추구하는 목표에 따라 대중시장침투전략(mass market penetration), 틈새시장침투전략(niche penetration), 초기고가격전략(skimming and early withdrawal) 등의 마케팅 전략을 구사할 수 있다. 대중시장침투전략을 추구하는 개척기업은 지배적인 시장점유율과 높은 수익성을 지속적으로 유지하는 것을 목표로 하기 때문에 이러한 목표를 달성하기 위해 경쟁기업의 브랜드들이 시장에 진입하기 전에 가능한한 많은 잠재고객들의 제품구매를 유도해야한다. 이를 위해서는 제품이나 서비스의 원가를 낮추고 확보된 초기고객들의 브랜드애호도를 구축하는 마케팅 노력이 요구된다고 할 수 있다.

제한된 자원을 보유한 호텔관광기업들은 틈새시장침투전략을 선택함으로써 성공적인 개척기업이 될 수 있는데, 틈새시장침투전략은 전체시장에서 선도적인 시장점유율을 확보하기보다는 특정세분시장에 마케팅자원을 집중시켜 그 세분시장 내에서 선도적인 시장점유율을 확보하는 전략이다. 틈새시장침투전략은 규모가 작은 시장 개척기업이 한정된 자원으로 최대한의 수익을 실현하면서 규모가 경쟁기업들과 직접적인 경쟁을 피하는데 효과적인 전략적인 대안이 될 수 있으며 호텔관광산업에서는 중저가호텔들이 세계적인 글로벌체인호텔기업들과의 경쟁에서 구사할 수 있은 전략적 대안이 될 수 있다.

초기고가격전략은 제품이나 서비스의 가격을 비싸게 책정하고 광고와 촉진에 대한 지출을 제한함으로써 단위당 이익의 극대화와 제품이나 서비스 비용의 조기회수를 실현하고자 하는 전략이다. 초기고가격전략을 추구하는 기업은 새로운 제품이나 서비스의 개발을 위한 노력도 병행하면서 이러한 전략을 구사하는 경우가 많다고 할 수 있다.

2) 성장기의 마케팅 전략

성장기에서의 마케팅 전략은 기존의 시장선도자가 구사할 수 있는 부분과 선도자를 추격하는 후발주자가 구사할 수 있는 부분으로 나누어 볼 수 있다.

먼저 시장선도기업을 살펴보면 일반적으로 시장성장기에서의 시장선도자는 시장개척자이거나 시장에 조기진입한 조기진입자이다. 시장성장기에서 시장선도자의 마케팅 전략을 포함한 전략적인 목표는 시장규모의 확대에 따른 경쟁의 증가에 대비하여 지속적으로 시장점유율을 유지하는 것이다.

시장선도자는 기존점유율을 유지하기 위하여 여러 하위목표들을 필요로 하며 이러한 하위목표별로 다양한 마케팅 프로그램들이 실행되어야 한다. 시장선도자는 이러한 프로그램을 실행하기 위해 기존포지션 방어전략(position defense strategy), 측면전략(flanker strategy), 정면전략(confrontation strategy), 이동전략(mobile strategy), 전략적 철수전략(strategic withdrawal strategy)의 5가지 전략대안들 중 하나 또는 이들의 조합을 선택할 수 있다.

기존포지션 방어전략은 시장선도자가 고려할 가장 기본적인 방어전략으로 기존의 강력한 시장포지션을 계속해서 강화시키는 것이고, 측면전략은 시장선도자가

소홀히 했거나 무시했던 세분시장을 경쟁기업이 진출하기 전에 강화시키거나 혹은 경쟁기업이 진출하는 시점에 적극적으로 대처하는 전략을 의미한다.

정면전략은 이미 기반이 확보된 핵심시장에서의 우위를 더욱 강화해 나가는 공세적 방어를 취하거나 경쟁사의 공격이 가시화되는 시점에 적극적으로 반격하는 것을 의미한다. 예를 들어 충분한 자본력과 마케팅역량을 갖춘 경쟁자가 시장선도자의 핵심시장을 정면공격해오면 시장선도자는 경쟁기업의 위협에 정면대응할 수밖에 없다고 할 수 있다.

이동전략은 측면전략을 보다 공격적인 형태로 전환시킨 것으로서 여러 세분시장에서 계속 자신의 포지션을 구축함으로써 세분시장별로 높은 상대적 시장점유율을 방어하려고 하는 것이다. 이 전략의 주요 목표는 시장선도자가 출시한 초기제품이나 서비스와 다른 특징을 가진 제품이나 서비스를 선호하는 세분시장들로부터 상당량의 점유율을 확보하는 것이다. 전략적 철수전략은 새롭게 부각되는 경쟁자가 시장선도자에 비해 더 많은 자원을 보유하고 있다면 시장선도자는 세분시장에 대한 마케팅 몰입도를 줄이고 상대적으로 성장잠재력이 가장 높은 시장에 마케팅 자원을 집중시켜야 한다.

성장기에 시장에 진출하는 모든 후발기업들이 시장선도자를 추월하여 시장에서 지배적 사업자가 되려는 목표를 세우는 것은 아니고 일부 후발기업들은 시장에 먼저 진출해서 시장점유율를 확보하고 있는 기업들이 소홀히 하고 있는 특정 틈새시장을 점유하는 것을 목표로 하는 전략을 구사하기도 한다. 이러한 틈새시장전략은 소규모의 후발기업들이 시장에서 성공하기 위해서 고려하는 몇가지 진입전략 중 하나라고도 할 수 있다. 우리나라 호텔관광산업의 경우를 예로들면 특급호텔들이 소홀히 하고 있는 특정 틈새시장에 중저가호텔들이 진출하는 경우를 들 수 있다. 시장진입이 선발기업에 비해 상대적으로 늦은 후발기업이 구사할 수 있는 전략은 기존의 선발기업이 보유한 고객들을 선발기업과 경쟁하여 고객을 뺏어오거나 아니면 잠재고객들을 자사의 고객으로 확보하는 것이라고 할 수 있다.

이러한 목표를 달성하기 위해서 후발기업들이 시장에서 구사할 수 있는 전략은 정면공격전략(frontal attack strategy), 도약전략(leapfrog strategy), 측면공격전략(flanking attack strategy), 포위전략(encirclement strategy), 게릴라공격전략(guerrilla attack strategy) 등을 구사할 수 있다.

먼저 정면공격전략은 시장도전자가 경쟁자의 모든 강점을 정면으로 공격하는 전략을 의미하며 기업이 제공하는 제품이나 서비스시장이 비교적 동질적이고 최소한 하나 이상의 경쟁사들이 그 시장에서 확고한 기반을 구축하였다면 후발기업들은 주요경쟁자들에 대한 정면공격을 통해 시장점유율을 확대하는 것 이외에 다른 대안이 있을 수 없다고 할 수 있다. 이러한 정면공격전략이 성공하기 위해서는 대부분의 기존고객들이 특정 브랜드에 대한 강한 선호도나 충성도를 갖고 있지 않아야 하며, 시장도전자의 자원과 마케팅역량이 주요경쟁자에 비해 우수해야 한다.

도약전략이란 시장도전자가 경쟁기업과 확실하게 차별화된 제품이나 서비스를 기반으로 기존고객의 반복구매나 대체구매를 빼앗아 오는 전략을 의미한다. 시장도전자가 이러한 전략을 구사하고 성공하기 위해서는 기존의 경쟁자에 비해 훨씬 더 우수한 제품이나 서비스편익을 고객들에게 제공해야만 한다.

측면공격전략과 포위전략은 기존의 브랜드들이 고객욕구를 만족시키지 못하고 기존의 경쟁기업들 중 아무도 강력한 포지션을 구축하지 못한 세분시장에 마케팅 노력을 집중하는 전략을 의미한다.

확실한 시장기반을 구축한 경쟁자들이 이미 대부분의 주요시장을 장악하였고 시장도전자의 자원이 제한되어 있을 때, 측면공격, 포위전략, 정면공격전략을 구사하기는 매우 힘들다. 이러한 상황에서 시장도전자는 기반이 구축된 기존경쟁자들에게 기습공격을 하는 전략을 구사할 수 있는데 이러한 전략이 게릴라전략이다. 이러한 전략은 기존경쟁자의 대량보복을 피하기 위해 시장도전자는 표적경쟁자의 시장기반이 매우 강하지 않은 제한된 지역시장에 국한시켜 기습적으로 게릴라공격을 실행하는 것이 효율적이라고 할 수 있다.

게릴라전략의 예로는 특정지역에서 특정집단을 대상으로 판촉활동을 통한 단기적인 가격할인을 예로 들 수 있는데 대규모 기존의 경쟁자들이 이러한 게릴라전술에 정면대응하기 어려운 점으로는 도전자와 동일한 크기의 제품가격할인이 대규모경쟁자들에게 상당한 비용증대를 발생시키기 때문이다.

3) 성숙기의 마케팅 전략

성숙기 시장에서의 마케팅 전략은 기존 시장점유율 유지를 위한 방어적인 마케팅전략과 매출성장을 위한 공격적인 마케팅전략을 나누어서 생각해 볼 수 있는데, 먼저 방어적인 마케팅 전략은 시장선도기업과 후발기업에 따라 달라질 수 있다. 먼저 시장선도기업은 기존의 포지션을 지속적으로 유지하고 강화하는 전략이 필요하며 이를 위해 고객만족과 자사 브랜드에 대한 애호도를 향상시키는 마케팅노력이 필요하다고 할 수 있다.

점유율이 상대적으로 낮은 저점유율 후발기업은 시장 선도기업과의 직접적인 경쟁을 피하는 틈새시장전략(niche market strategy)을 구사할 수 있다.

한편, 매출성장을 위한 공격적인 마케팅전략으로는 시장침투율 제고전략, 시장개발전략, 제품용도 확대전략 등을 구사할 수 있다. 먼저 시장침투율 제고전략은 기존시장 내의 자사 제품이나 서비스의 비사용자 집단을 유인하여 매출액을 증대시키는 전략이다. 이런한 전략을 구사할 때, 마케터는 제품특성이나 서비스를 추가하여 제품이나 서비스의 가치를 높이거나 새로운 편익을 강조하는 적극적인 촉진노력을 통해 기존 시장 내 비사용자집단의 구매를 유도할 수 있다.

시장개발전략은 새로운 세분시장의 소비자들로 하여금 자사의 기존 제품이나 서비스를 구매하도록 함으로써 매출액을 늘리는 전략인데, 이러한 전략을 구사하기 위해서 기업들은 상품이나 자사 브랜드의 리포지셔닝(repositiioning) 전략을 도입하거나 새로운 지역 시장으로 진출하는 방안을 고려해볼 수 있다.

마지막으로 제품용도 확대전략은 새로운 용도의 제품이나 서비스를 개발하거나 사용범위의 확대를 통해 기존고객의 사용량이나 빈도를 늘림으로써 매출성장을 추구하는 전략을 의미한다.

4) 쇠퇴기의 마케팅 전략

대부분의 제품이나 서비스는 쇠퇴기를 겪게 되는데 제품이나 서비스시장이 쇠퇴기를 접어들면서 기업들은 판매량 및 매출액의 감소를 경험하게 된다. 이러한 상황에서 호텔관광기업들을 포함한 모든 기업들은 자사의 제품이나 서비스를 포기해야 할지 아니면 남은 제품수명주기 동안 단기이익을 추구해야 할 지 등을 고민해야 한다.

일반적으로 쇠퇴기에 있는 제품이나 서비스를 제공하는 기업들은 단기적인 현금흐름을 극대화하기 위한 목적으로 수확전략(harvesting strategy)을 많이 사용하는데, 수확전략 이외에도 점유율 유지전략(maintenance strategy), 생존자전략(profitable survivor strategy), 틈새시장전략(niche market strategy) 등을 구사한다. 수확전략은 단기간에 현금흐름을 극대화하여 기업이 운영할 수 있는 현금을 보다 많이 확보하는 것을 목표로 하는 전략으로 이를 위한 방법으로는 추가적인 투자를 피하고 운영비용을 감소시키며 판매가격을 인상시킨다. 그리고 궁극적으로는 기업이 이 사업을 정리할 것이기 때문에 수확전략의 사용은 어느 정도의 판매량과 시장점유율의 감소로 나타나게 된다. 하지만 수확전략은 사업의 판매량과 점유율의 감소를 비교적 느리고 안정된 비율로 유지할 수 있기 때문에 갑작스러운 점유율 하락에 따른 심각한 현금흐름의 문제는 피할 수 있다.

점유율 유지전략은 쇠퇴기 시장의 경우 미래의 판매추세가 불확실할 수 있으므로 시장의 미래가 보다 예측가능할 때까지 시장 선도 기업들은 기존의 시장점유율을 유지하는 전략을 사용할 수도 있다. 생존자 전략은 쇠퇴기 시장에서 높은 점유율과 경쟁우위를 가진 기업이 고려할 수 있는 대안의 하나로 점유율을 증가시키고 남아 있는 쇠퇴기 동안에 시장 선도기업의 위치를 유지하기 위한 투자를 계속하는 것을 의미한다. 이 전략은 미래 시장수요의 완만한 감소나 지속적으로 남아 있는 제품이나 서비스의 수요가 기대될 때 가장 적합한 전략이라고 할 수 있다. 또한, 시장에서 점유율이 낮은 기업들은 쇠퇴기 시장에서 수확전략을 사용하거나 시장 퇴출을 위한 준비를 하기 때문에 시장 선도기업은 상대적으로 저렴한 비용을 투자하고도 점유율을 더욱 강화시킬 수 있다.

마지막으로 대부분의 세분시장들이 빠르게 쇠퇴할 것으로 예상되더라도 틈새시장전략은 하나 혹은 그 이상의 세분시장이 안정적으로 남아 있는 제품이나 서비스의 수요를 가지고 있거나 천천히 쇠퇴할 때 매력적인 대안이 될 수 있다. 이 전략을 사용하기 위해서는 표적세분시장에서 강한 경쟁적인 포지션을 확보하고 있거나 경쟁사들보다 시장을 선점하여 빠른 시간 안에 경쟁우위를 확보할 수 있어야 한다. 틈새시장전략은 적은 자산이나 자원을 일부 세분시장에 집중시킬 수 있기 때문에 상대적으로 시장점유율이 낮은 기업들에게 적절하다고 할 수 있다.

특히 호텔관광기업들 중 다른 산업에 비해서 상대적으로 시장진입장벽이 낮은 여행업의 경우 위에서 언급된 제품수명주기별 마케팅전략을 통해서 기업의 전략적인 목표를 달성하는데 도움이 될 수 있으리라 생각된다.

5 | 소비자의 의사결정과 브랜드 전략

1) 소비자들의 브랜드 선택에 영향을 미치는 요인

소비자들은 일상생활에서 브랜드 선택과 관련하여 수많은 의사결정을 해야 하는데, 예를 들어, 환대산업의 경우 소비자들은 어떠한 호텔에서 숙박을 해야 하는지, 어떠한 여행사의 상품을 구매해야 하는지, 어떠한 항공사를 선택해야 하는지 등 제품이나 서비스의 수많은 브랜드 중에서 한 가지 브랜드만을 선택해야 하는 결정을 해야 한다. 이러한 소비자들의 선택은 소비자의 의사결정과정과 밀접한 관계를 가지고 있는데 기업의 입장에서는 6성급의 고급호텔을 선택한 소비자들은 가격보다는 고급호텔의 차별화된 서비스를 더 높게 평가해서 이러한 선택을 했는지, 혹은 저가 항공사를 택한 소비자들은 다른 요인보다 가격을 가장 우선 고려했기 때문에 그러한 선택을 했는지 등에 대한 분석이 필요하다.

이와 같이 기업의 브랜드 전략은 브랜드 선택을 위한 소비자의 의사결정과정의 이해로부터 시작하는데, 소비자들의 브랜드 선택에 관련된 의사결정과정에 많은 영향을 미치는 요인들로는 고려상표군(consideration set), 의사결정 프레임(decision frame), 시장구조(market structure), 맥락효과(context effects) 등을 들 수 있으며 각 요인들에 대한 설명은 다음과 같다(안광호 외, 2003, p.50).

(1) 고려상표군

어떠한 제품군에 존재하는 모든 브랜드들은 그 제품군의 전체상표군(universal set)을 형성하며, 이러한 전체상표군 중에서 소비자가 들어보거나 사용한 적이 있는 브랜드가 인지상표군(awareness set)을 형성한다. 호텔산업의 예를 들면, 모든 호텔브랜드들이 전체상표군에 포함되며, 소비자들이 사용한 적이 있거나 들어본적이 있는 호텔들이 인지상표군에 포함된다고 할 수 있다. 따라서 인지상표군에 포함되지 못한 상품들은 소비자들의 의사결정과정에서 일단 제외된다고 할 수 있으며, 인지상표군 중에서 소비자의 기억구조상에는 존재하지만 소비자의 최종 구매시점에는 떠오르지 못한 비상기상표군(inert set)과 소비자의 머릿속에는 떠오르지만 부적합하다고 생각되어 의식적으로 고려상표군에서 제외되는 브랜드인 비관련상표군(inept set)을 제외한 브랜드들이 고려상표군(consideration set)을 형성하게 된다. 이렇게 형성된 고려상표군 중에서 소비자가 가장 효용을 갖는 브랜드가 소비자의 의사결정과정에서 최종적으로 선택된다고 할 수 있다.

한 브랜드가 고려상표군에 속하기 위해서는 브랜드 현저성(brand salience)이 높아야 하는데, 브랜드 현저성이란 특정 브랜드가 특정 제품 속성에서 매우 두드러지게 인식되거나 이미지 면에서 강력하고 호의적이며 독특한 특정 연상을 가지고 있어야 한다. 호텔산업의 경우 소비자들에게 고려상표군에 포함된 모든 브랜드들이 브랜드마다 다른 이미지와 특정 연상을 가지고 있다고 할 수 있는데, 호텔산업의 특성상 직원들의 서비스가 소비자들에게 특정 브랜드의 이미지와 연상에 중요한 영향을 미친다고 할 수 있다. 따라서 과거에 어떤 호텔에서 기대수준보다 높은 서비스를 제공받았거나 기대수준보다 낮은 서비스를 제공받은 경험이 있는 소비자의 경우는 그 브랜드에 대한 연상에 있어서 긍정적이거나 부정적으로 작용하게 된다.

소비자의 구매의사결정과정을 고려상표군 형성과정과 최종선택과정으로 나누어서 살펴보면 고려상표군 형성과정에서는 브랜드의 현저성(brand salience)이 중요하며, 최종선택과정에서는 브랜드의 가치(brand value)가 중요하다. 따라서 고려상표군 전략에서는 소비자들이 특정 제품의 구매를 통하여 얻고자 하는 기능적, 상징적, 경험적인 혜택을 중심으로 브랜드 이미지를 형성하여 브랜드 현저성을 높일수 있도록 브랜드 전략을 수립해야 하며, 최종선택전략에서는 소비자들이 최종

선택을 결정하는데 있어서 도움을 줄 수 있도록 브랜드 가치(brand value)를 확실히 인식시키는 것이 중요하기 때문에 가격대비 품질의 경쟁우위와 차별화되는 속성 등을 중심으로 브랜드전략을 수립해야 한다.

(2) 의사결정 프레임

의사결정 프레임(decision frame)에서 중요한 점은 같은 제품이나 서비스임에도, 서비스의 특성 중 이질성과 같이 소비자들마다 특정 브랜드에 대한 평가기준이 다르다는 것이다. 소비자들의 의사결정 프레임의 기초가 되는 이론은 Kahneman and Tversky(1979)의 프로스펙트 이론인데, 소비자들은 어떤 대안을 평가할 때, 개인의 준거점을 중심으로 그 대안의 이익과 손실을 비교하여 상대적인 가치를 결정하는데 이것을 준거의존성(reference dependence)이라고 한다.

따라서 호텔을 이용하는 소비자들도 준거의존성에 기초하여 준거제품(reference product)으로 자리잡은 호텔과 비교하여 호텔을 선택하게 되는데, 프로스펙트 이론에 의하면 준거의존성과 손실회피성향을 포함하는 준거효과에서 손실은 같은 크기의 이익에 비하여 상대적으로 더 크게 지각되는 손실회피성향(loss aversion)에 의하여, 소비자가 준거제품으로 생각하고 있는 호텔과 다른 호텔을 비교했을 때, 다른 호텔의 단점은 더 크게 부각되어 인지하게 된다고 할 수 있다.

(3) 시장구조

시장구조(market structure)는 유사하게 인식되는 브랜드들의 집합인 하부시장(sub market)들이 어떻게 구성되어 있는지를 보여주는 것을 의미하는데, 시장구조를 통해서 어떤 브랜드들이 직접적인 경쟁관계에 있는지를 파악할 수 있게 된다. 가장 일반적인 시장구조의 분류로는 프리미엄 브랜드, 일반 브랜드, 저가 브랜드로 구성되는 품질, 가격에 의한 계층적 시장구조가 있는데, 이러한 시장구조의 분류를 호텔산업에 적용시켜 보면, 6성급 이상 호텔의 초호화 브랜드, 특1급 호텔 브랜드, 특2급 호텔 브랜드, 특급이 아닌 호텔 브랜드 등으로 분류해서 적용할 수 있다고 하겠다.

(4) 맥락효과

맥락효과(context effect)는 소비자의 고려상표군의 구성내용이 바뀜에 따라 소비자의 선택이 영향을 받는 것을 의미하는데, 맥락효과는 크게 두 가지로 나누어 볼 수 있는데 먼저, 기존의 고려상표군에 새로운 대안이 추가됨에 따라 소비자의 선택이 영향을 받는 경우인 선호전이(preference shift)와 구매목적과 구매상황 등과 같은 상황적인 요인에 의해 고려상표군 자체가 새롭게 구성되는 경우에 소비자의 선택이 기존의 선호체계와는 다른 새로운 선호체계로 만들어지는 경우인 다중선호체계(multiple preference structure)로 나눌 수 있다. 또한 선호전이와 다중선호체계를 합하여 선호변곡현상(preference inflection phenomenon)이라고 한다. 선호전이에 의해 맥락효과가 발생하는 예로는 대체효과(substitution effects), 유인효과(attraction effects) 등이 있으며, 다중선호체계에 의한 맥락효과가 발생하는 예로는 trade-off 대조효과(trade-off contrast effects)가 있다.

대체효과는 고려상표군 내의 기존 대안이 개선되거나 새로운 제품 속성을 추가한 경우 소비자의 선호체계가 개선된 제품 쪽으로 기울어지는 경향을 의미한다. 유인효과는 고려상표군 내에서 새로운 대안이 들어옴에 따라 기존의 선호체계가 변하는 것을 의미한다. 다중선호체계에 의한 맥락효과가 발생하는 예인 trade-off 대조효과란 고려상표군 자체가 전혀 새롭게 형성되는 과정에서 소비자들이 복수의 선호체계를 학습하여 가는 것을 의미한다.

사례

글로벌 외식 브랜드가 분석한 한국시장

커피 전문점 브랜드 스타벅스코리아는 지난해 10월 각 매장에 급속 조리 오븐기를 설치했다. 3면 입체가열 기능을 갖춰 매장에서 40초 내에 음식류를 조리할 수 있는 기기다. 동양매직과 1년여 동안 공동연구한 끝에 개발했다. 스타벅스는 미국에 본사를 둔 글로벌 브랜드지만 이 기기를 쓰는 곳은 한국뿐이다.

스타벅스코리아가 조리기구를 독자개발한 것은 한국 소비자의 까다로운 입맛에 맞추기 위해서다. 스타벅스의 미국 매장에선 상온 보관이 가능한 베이커리류 제품을 주로 판매한다. 하지만 한국에서는 반가공된 빵과 샌드위치, 머핀 등 음식 종류가 미국보다 20~30가지 많다. 이 회사의 관계자는 "국내 고객들은 샌드위치의 경우 겉의 빵은 갓 구운 것처럼 바삭하고 안의 채소는 신선해야 좋아한다"며 "조리오븐기에 음식별로 적합한 조리법 160가지를 입력해 놓았다"고 소개했다. 지난해 11월 방한한 아시아. 태평양지역 사장은 "한국 고객의 수준이 높아 여기서 검증을 받으면 다른 아시아 국가로 진출해도 괜찮다"며 "앞으로 아태지역에 출시하는 음료 등 신제품은 한국 시장을 테스트 마켓으로 삼겠다"고 말했다.

글로벌 외식 브랜드는 전 세계에 매장을 갖고 있다. 하지만 본사가 위치한 미국 매장과 한국 매장에는 다른 점이 많다. 한국 소비자의 독특한 특징이 있기 때문이다. 이런 브랜드가 한국에서만 펼치는 활동을 살펴보면, 한국시장이 전 세계 신제품의 테스트 마켓으로 떠오르는 이유를 알 수 있다.

미국에 본사를 둔 도미노피자는 2000년대 초반까지만 해도 매년 두 개 정도 신제품을 출시했다. 하지만 요즘은 3개월마다 신제품을 내놓는다. 한국 고객들이 새로운 제품을 먼저 맛보고 평가한 뒤 다른 사람에게 입소문을 내는 "얼리어답터"형이기 때문이다. 도미노피자 관계자는 "소비자 조사를 해보면 요즘 국내 고객들은 맛뿐 아니라 식재료의 트렌드까지 신경쓰면서 어떤 요리에 무슨 재료가 어떤 요리법으로 들어갔는지 살핀다"며 "요리 관련 블로그나 카페가 한 포털사이트에 몇 만 개나 있을 정도다"라고 말했다. 이 회사에서 신제품을 출시하면 2개월 동안 해당제품이 전체 매출에서 차지하는 비중이 30%에 달한다. 하지만 3개월째로 접어들면 20%대로 떨어지면서 또 다른 제품 출시를 기대하는 경향이 나타난다고 한다.

패밀리 레스토랑도 비슷한 추세다. 미국 브랜드인 베니건스는 한해 한두 차례 새 메뉴를 내놓다가 2007년부터는 아예 "셰프가 요리하는 레스토랑 베니건스"로 콘셉트를 바꿨다. 국내 소비자의 빠른 선호도 변화에 부응하기 위해서다. 지난해에만 콤보 메뉴 4종과 어린이 메뉴 3종, 파스타 4종을 출시했다.

한국인의 입맛을 사로잡기는 웬만해서는 힘들다. 그래서 피자에 들어가는 재료 수는 점점 다양해지고 있다. 도미노피자의 경우 미국에선 토핑과 소스 종류가 23가지인데, 한국에선 42가지나 된다. 최근 2~3년간 출시된 피자에는 페퍼로니, 새우, 오징어, 닭가슴살, 불고기, 스테이크, 마늘 등 갖가지 토핑이 평균 12~13가지 올라간다. 미국에선 지금도 많아야 서너 가지라고 한다.

미국 아이스크림 브랜드인 콜드스톤은 한국에 들어온 2006년에 본사 매장에서 팔리는 제품을 그대로 들여왔다. 초콜릿이나 캐러멜, 휘핑크림, 치즈 등을 넣어 매우 달고 진한 맛이었다. 하지만 웰빙 바람이 한창이던 국내 시장에서 빛을 보지 못했다. 2007년 한국콜드스톤은 요거트와 체리 아이스크림을 독자개발했다. 요즘 이 브랜드에서 매출 1위는 요거트 아이스크림이다. 석류 아이스크림도 출시했는데, 고객의 소리 게시판에 여성들 사이에 인기 있는 석류 제품 아이스크림을 개발해달라는 글이 올라온데 착안한 것이었다. 콜드스톤의 전 세계 1500여 개 매장 가운데 가장 많은 레시피와 이색 메뉴를 갖춘 곳은 미국 본사가 아닌 한국지사다. 한국콜드스톤 관계자는 100% 찹쌀가루로 만든 전병 속에 아이스크림을 넣은 아니스 모나카를 한국지사가 개발했는데 역으로 중국과 대만콜드스톤에 수출되고 있다고 했다.

한국사람들은 국내산 농산물을 특히 선호하기 때문에 글로벌 브랜드들은 이런 제품 출시에 열을 올린다. 스타벅스코리아는 지난해 4월 친환경 경기미와 자색고구마, 단호박 등 우리 농산물로 만든 라이스칩을 출시했다. 출시 한 달 만에 2만 개가 넘게 팔렸다. 이 회사는 불고기, 오곡 등 한국적인 맛을 반영한 제품출시를 준비 중이다.

미국 동부를 중심으로 600여 개 매장을 가진 스무디킹은 2003년에 국내에 들어와 명동에 1호점을 냈다. 미국에서처럼 테이크아웃 형태였다. 그런데 매장을 찾은 고객들이 앉아서 얘기할만한 장소가 없자 음료를 내놓기 위해 만들어 놓은 테이블에 앉으려는 현상이 벌어졌다. 한국스무디킹 대표는 미국에서는 펍이나 레스토랑과는 달리 카페에서는 책이나 신문을 읽으며 혼자 시간을 보내는데, 한국 고객들은 식사 후 본격적인 대화를 나누려고 카페를 찾는다며 앉아서 얘기하기를 즐긴다고 말했다. 그래서 좌석이 10개 미만의 테이크아웃 형태가 대다수인 미국과 달리 한국에서는 미국보다 넓은 크기의 카페형으로 운영 중이다. 오래 매장에 머물다보니 음료 외에 오트밀빵이나 쿠키 등 사이드 메뉴도 필요했다. 미국 스무디킹매장에서는 이런 음식을 팔지 않는다.

자료 : 중앙일보, 2010년 1월7일

2) 브랜드 콘셉트 포지셔닝

브랜드 콘셉트 포지셔닝(brand concept positioning)이란 표적고객의 마음속에 경쟁기업의 제품들과 비교하여 자사제품이 차지하는 차별적 우위를 의미한다. 브랜드 콘셉트을 도출하기 위해서는 먼저, 자사가 시장에 처해있는 상황을 전략적으로 분석하고 이러한 상황의 분석을 토대로 브랜드 콘셉트의 큰 흐름을 파악해야 한다. 그 후 표적시장을 선정하고, 표적시장고객을 대상으로 고객의 욕구, 경쟁제품과의 차별성, 자사의 기존 브랜드 포트폴리오와의 관계를 고려하여 새로운 브랜드 프로파일을 구체화하는 과정이 필요하다. 마지막단계에서는 새로운 브랜드 콘셉트의 이미지를 경쟁사 제품들과 대비하여 분명하게 소비자의 마음속에 인식시킬 수 있는 브랜드 포지셔닝을 확정하는 것이다(안광호외, 2003, p.85).

(1) 전략적 상황분석

브랜드 전략을 수립하기 위해서는 자사의 브랜드가 속해 있는 시장과 환경에 대한 정확한 이해가 필요하다. 시장과 환경에 대한 이해가 충분하지 않으면 경쟁기업이 누구인지, 자사가 목표로 하고 있는 고객이 누구인지를 파악하는 것이 불가능하기 때문에 적합한 브랜드 콘셉트의 개발을 하는 것이 힘들어진다. 이와 같이 전략을 도출하기 위해 시장상황을 정확히 이해하고 분석하는 과정을 전략적 상황분석이라고 하며, 전략적 상황분석은 시장분석, 소비자 분석, 경쟁사 및 자사분석으로 나눌 수 있다.

가. 시장분석

시장분석에서 가장 중요한 점은 시장의 트렌드를 정확히 분석하는 것이라고 할 수 있다. 시장의 트렌드는 정치, 경제, 사회, 문화, 기술 등 시장을 이루는 다양한 기본요소들이 어떻게 변화하고 있으며, 이러한 요소들의 변화에 따라 소비자들의 가치와 욕구에 어떠한 변화가 있는지 탐색함으로써 파악될 수 있다. 이러한 소비자들의 가치와 욕구는 소비자들의 생활양식을 변화시켜 특정 시장의 규모를 증가시키기도 하고 시장성장률을 변화시키기도 한다. 특히, 최근에는 정보통신기술의 급속한 변화와 발전이 여러 산업에 많은 영향을 미치고 있으며, 호텔, 여행업, 항공사등의 시장에서도 많은 변화가 일어나고 있다. 이전에 비해 호텔, 여행업, 항공사 등의 시장에서 인터넷을 통한 예약시스템의 비중이 빠른 속도로 증가하고 있으며, 이러한 시장환경의 변화는 기업들에게 새로운 개념의 서비스와 서비스 품질관리를 요구하고 있다. 또한, 호텔산업의 경우에도 소비자들의 욕구가 다양화되면서 기존의 특급호텔 상품을 구매하는 소비자들이 기존의 상품보다 더 고급화되고 차별화된 상품에 대한 욕구가 증대되면서 이전에 비해 조금 더 고급스러운 럭셔리 컨셉의 호텔들이 생겨나고 있다.

나. 소비자 분석

소비자 분석에서는 소비자의 욕구분석을 중심으로 고객의 니즈를 어떻게 분석할 것인가의 틀을 개발하고 이러한 틀이 자사의 마케팅전략과 어떻게 연관되어 있는지를 분석하게 된다. 먼저, 기업은 자사의 고객들에게 무엇을 제공할 것인가를 이해해야 하는데 이를 위해서 욕구분석이 필요하다고 할 수 있다. 즉, 소비자들이 어떠한 욕구를 가지고 있으며 이러한 욕구들이 어떻게 변화하고 있는지를 파악해야 한다.

소비자의 욕구를 파악하는 것은 그 소비자의 구매동기를 알 수 있으며, 이에 따라 적절한 제품이나 서비스를 제공하거나 전략의 방향을 제시할 수 있기 때문에 매우 중요한 부분이라고 할 수 있다. 소비자들의 욕구는 크게 현재의 욕구와 잠재된 욕구로 나눌 수 있는데 현재의 욕구는 충족된 욕구와 충족되지 않은 욕구를 나타내며, 잠재된 욕구는 소비자의 욕구들이 전반적으로 어떻게 변화되어 나가는가를 나타낸다. 현재의 욕구를 정확하게 분석하면 제품이나 서비스의 새로운 개선사항들의 기준이 성립된다. 뿐만 아니라, 소비자들의 욕구가 변화하거나 확대되는 방향을 이해하게 되면 소비자들의 잠재된 욕구에 대한 명확성이 높아져서 제품이나 서비스에 대한 발전방향을 제시할 수 있다. 이러한 소비자들의 욕구와 관련된 부분인 소비자들어 어떠한 제품이나 서비스를 사용하는 목적인 Why, 사용시기인 When, 사용장소인 Where, 사용과정인 How이다. 호텔서비스를 구매하는 소비자들의 욕구를 예를 들어보면, 소비자들은 왜 호텔을 이용하는지, 언제 호텔을 이용하는지, 어느 호텔을 이용하는지, 호텔을 이용하는 과정은 어떠한지 등을 파악하게 되면 호텔을 이용하는 소비자들의 욕구를 더 자세하게 파악하는데 도움이 될 수 있다.

다. 경쟁사 및 자사분석

경쟁기업과 자사를 분석하는데 있어서 가장 먼저 선행되어야 하는 과정은 어떤 기업을 자사의 경쟁브랜드로 선정해야 하는 일이다. 이러한 과정에서 유용하게 사용되는 것이 경쟁적 준거 프레임(competitive reference frame)인데, 경쟁적 준거 프레임이란 준거점을 어떻게 설정하느냐에 따라 경쟁의 범위가 달라짐을 의미한다. 예를 들어 패밀리 레스토랑의 경우 다른 경쟁브랜드만을 경쟁브랜드로 좁게 설정할 수도 있지만, 한식, 중식, 일식, 햄버거 브랜드 등 음식과 관련된 모든 브랜드들을 경쟁브랜드로 넓게 설정할 수도 있다. 이러한 경쟁의 범위를 결정하는데 많은 영향을 미치는 것이 소비자들의 가치라고 할 수 있는데, 기능적인 가치만을 중심으로 경쟁의 범위를 설정하면 좁은 범위의 경쟁기업들이 있고 상징적이거나 경험적인 측면까지 고려하여 경쟁범위를 정하게 되면 보다 넓은 경쟁기업들이 있을 수 있다. 호텔산업의 경우 숙박의 기능만을 고려하면, 호텔이 아닌 다른 여러 숙박업을 운영하는 업체들이 경쟁자가 되지만, 숙박뿐만 아니라 호텔만의 고유한 기능을 포함하면 호텔의 고유한 특성을 가진 경쟁기업을 찾아보기 힘들기 때문에 다른 호텔들이 경쟁자가 된다고 할 수 있다.

이렇게 기업들이 경쟁브랜드를 인식하게 되면 기업들은 자사의 브랜드와 경쟁기업의 브랜드를 비교하여, 자사 브랜드의 강점과 약점뿐만 아니라 경쟁브랜드의 강점과 약점을 분석하여 이에 대한 전략을 수립해야 한다.

(2) 표적시장의 선정

표적시장(target market)의 선정이란 시장세분화를 기초로 각 세분시장들 중에서 자사에게 가장 매력적인 세분시장을 선정하는 과정을 의미하며, 표적시장을 선정하는 방법은 비차별화 전략, 집중화 전략, 차별화 전략 등으로 나눌 수 있다. 비차별화 전략은 여러 개의 세분시장에서 몇 개의 세분시장을 선택하여 하나로 묶어서 동시에 마케팅하는 것을 의미한다. 집중화 전략이란 여러 개의 다양한 세분시장 중에서 하나의 세분시장에만 초점을 맞추고 마케팅하는 전략을 의미하는데, 집중화전략은 자사의 마케팅 자원이 경쟁사에 비해 상대적으로 열위에 있을 때 한정된 마케팅자원을 효율적으로 사용하여 경쟁우위의 역량을 갖추고자 할 때 유용한 전략이라고 할 수 있다. 차별화 전략은 세분시장마다 차별화된 마케팅전략을 구사하는 것을 의미한다.

(3) 내부 · 외부적 브랜드 프로파일 분석

브랜드 콘셉트의 개발이란 어떤 브랜드에 대해 표적고객의 입장에서 차별화되고 가치있게 여겨지는 이미지를 파악해 나가는 과정을 의미하는데, 브랜드 콘셉트는 소비자들의 입장에서 볼 때, 호의적으로 평가되고, 독특하며, 강력한 연상들로 구성되어야 한다. 이를 위해 먼저, 외부프로파일 분석이 필요한데, 적합한 브랜드콘셉트의 도출을 위해서는 표적시장 내의 경쟁브랜드들과의 차별성에 관한 분석이 매우 중요하다고 할 수 있다. 이러한 분석을 위해서는 먼저, 어떠한 기업이 자사의 경쟁기업인가에 대한 정의가 필요하고 그 후 자사의 브랜드가 경쟁브랜드와 어떠한 점에서 차별화되어야 하는지와 어떠한 점이 유사해야 하는지에 대한 분석이 필요하다. 여기서 중요한점은 브랜드 콘셉트의 개발을 위해서는 경쟁브랜드와의 차별점뿐만 아니라 필요한 경우에 유사점도 함께 파악되어야 한다. 이렇게 경쟁브랜드와의 유사점을 분석하는 것이 중요한 이유는 소비자들의 브랜드 선택은 항상 특정 브랜드의 독특성에 의해서만 결정되는 것이 아니라 그 브랜드가 기본적으로 갖추어야 할 일반적이고 공통적인 특성에 의해서도 크게 영향을 받기 때문이다.

또한, 브랜드 콘셉트의 개발을 위해서는 위에서 언급된 외부적인 요인 이외에도 기업의 내부적인 브랜드 체계를 고려한 해당 브랜드의 역할에 대한 분석도 이루어져야 한다. 이러한 과정에서 중요한 것은 자사의 기존 브랜드와 새로운 브랜드를 어떻게 차별화시킬 것인가에 관한 문제와 어떤 콘셉트에서 기존 브랜드들과 서로 공유해야 하는가에 관한 부분이다. 이러한 부분에 관한 의사결정에 있어서 기업들은 자사의 기존브랜드들에 대한 소비자들의 평가, 기존브랜드와 새로운 브랜드들 간에 소비자들이 지각하는 유사성 여부, 각 브랜드의 표적고객들의 중복성 정도 등을 고려해야 한다.

(4) 브랜드 콘셉트 포지셔닝

브랜드 콘셉트 포지셔닝이란 해당 브랜드의 이미지를 경쟁제품과 관련시켜 소비자의 마음속에 위치화시키는 것을 의미하는데, 성공적이 브랜드 콘셉트의 포지셔닝을 위해서는 위에서 언급된 여러 과정을 통해서 자사 브랜드의 호감도를 높이고, 다른 브랜드와의 차별성을 부각시켜야 한다. 이를 위해서는 소비자들이 브랜드 선택을 하는데 있어서 중요하게 생각하는 욕구나 제품이나 서비스에 대한 편익이 무엇인지를 파악하는 것이 매우 중요한 부분이라고 할 수 있다.

3) 서비스산업의 브랜드 전략

브랜드(brand)란 특정 판매업자의 제품이나 서비스를 다른 판매업자들로부터 식별하고 차별화시키기 위해서 사용되는 명칭, 말, 상징, 기호, 디자인, 로고와 이들의 결합체라고 할 수 있다. 최근 들어 이러한 브랜드의 중요성은 더욱 증가하고 있으며, 특히, 서비스산업에 있어서는 제조업과 달리 소비자들에게 제공되는 제품인 서비스가 핵심역량을 보유하기가 어려운 상황이기 때문에 브랜드의 중요성은 더욱 크다고 할 수 있다.

(1) 브랜드의 전략적 중요성

가. 브랜드 자산의 의미와 중요성

브랜드 자산(brand equity)이란 브랜드의 이름 및 상징과 관련하여 형성된 자산의 종액에서 부채를 뺀 것으로서 브랜드 자산이 높다는 것은 그 브랜드를 부착한 것이 그렇지 않은 경우에 비해서 기업과 고객에게 제품의 가치를 증가시키는 경우를 의미한다. 브랜드 자산은 고객 및 기업의 관점에서 정의될 수 있는데, 브랜드 자산을 어떤 제품이나 서비스가 브랜드를 가졌기 때문에 발생된 높은 브랜드 충성도나 시장점유율, 수익과 같은 바람직한 마케팅 효과라고 할 수 있으며, 브랜드 자산은 소비자의 브랜드 충성도에 의해 창출되며, 이는 고객의 높은 브랜드 인지도와 강력하고 호의적인 브랜드 이미지로부터 형성된다고 할 수 있다(Keller, 1993).

이렇게, 기업들이 경쟁우위를 창출하기 위해서 필요한 부분인 브랜드 자산을 구축하는데 있어서 예전에 비해서 어려운 점들이 생겨나고 있는데 첫째, 기업들이 단기적인 성과를 높이기 위해 판매촉진활동을 더 강화함에 따라 브랜드 자산이 예전에 비해 약화되었다고 할 수 있다. 이는 광고의 주된 목적이 높은 브랜드 인지도와 호의적인 브랜드 태도의 형성을 토대로 브랜드 자산을 구축하는데 있는 반면 판매촉진은 중간상과 소비자의 구매행동을 자극하여 단기적으로 판매를 증대시키는데 있기 때문이라고 할 수 있다.

기업들이 브랜드 자산을 구축하는데 겪게되는 두 번째 어려움은 시장세분화의 가속화와 다양한 매체유형의 등장으로 일관성 있는 마케팅 커뮤니케이션의 유지가 어렵다는 것을 들 수 있다. 예전에는 매체가 TV, 라디오, 신문 등으로 국한되어 있었고 대량 마케팅을 주로 하였지만, 지금은 인터넷을 비롯해서 매체가 매우 다양해졌을 뿐만 아니라 매체마다 서로 다른 브랜드 이미지를 심어주는 등의 문제로 인해서 기업의 브랜드 자산 구축에 어려움을 겪고 있다고 할 수 있다. 또한, 단기적인 경영성과에 대한 압력은 장기적인 관점에서 브랜드 자산의 가치를 위한 노력을 어렵게 하는 이유라고 할 수 있다.

나. 호텔관광기업의 브랜드 전략

세계적인 체인호텔인 하얏트(Hyatt) 그룹은 Park Hyatt, Andaz, Grand Hyatt, Hyatt Regency, Hyatt Place, Hyatt Summerfield Suites, Hyatt Resorts, Hyatt Vacation Club 등의 브랜드를 보유하고 있다. Hyatt 그룹과 마찬가지로 세계적인 체인 호텔인을 보유하고 있는 Marriott Corporation도 JW Marriott, Residence Inn, Courtyard, Fairfield Inn등의 브랜드를 보유하고 있다. 이렇게 기업들이 한 가지 브랜드가 아닌 복수브랜드 전략을 구사하는 이유는 시장을 세분화하고 경쟁기업들에 대한 전략적 대응(strategic interaction)을 하기 위해서라고 할 수 있다.

위에서 살펴본 호텔기업들이 보유하고 있는 여러 브랜드들의 예와 같이, 한 기업이 여러 브랜드들을 보유할 때, 자사의 다른 브랜드들과 적절히 차별화되지 않으면 자사 브랜드들 간에 시장잠식이 일어날 수 있으며, 기존 브랜드의 포지셔닝에 부정적인 영향을 주거나 강력한 브랜드 이미지의 구축을 하는데 있어서 어려움을 겪을 수 있다. 또한, 자사의 브랜드 체계에서 해당 브랜드가 차지하는 비중이나 역할 등이 명확하게 설정되어야 기업수준에서 추구하는 마케팅 목표와 브랜드 수준의 마케팅 목표가 일치되어 일관된 브랜드 콘셉트의 개발이 가능해진다. 위에서 호텔산업의 예를 들어보면, Hyatt Corporation의 6성급 호텔 브랜드인 Park Hyatt와 5성급 브랜드인 Grand Hyatt가 서로 같은 세분시장에서 시장을 잠식하거나 표적시장이 중복되게 되면 기업 전체의 입장에서 보면 상당한 손실이 발생할 수 있기 때문에 기업수준에서 각각의 브랜드에 적합한 포지셔닝이 필요하다고 할 수 있다. Marriot Corporation의 예에서도 마찬가지로 JWMarriott, Residence Inn, Fairfield Inn의 여러 브랜드가 각각의 브랜드에 대해서 서로 시장을 잠식하고 있지 않은지 분석하고, 각각의 브랜드가 기업 전체에서 차지하는 비중이나 역할에 맞게 포지셔닝하는 것이 필요하다.

(2) 브랜드 전략

기업의 제품전략과 브랜드 전략(brand stratege)의 특성을 분석해 볼 수 있는 유용한 도구 중의 하나로 브랜드-제품 매트릭스가 있다. 브랜드-제품 매트릭스는 기업이 판매하는 모든 브랜드와 제품을 도표화시킨 것인데 매트릭스상에서 매트릭스의 행은 그 기업이 보유하고 있는 브랜드들로, 열은 그 기업이 생산하는 제품들로 이루어진다. 매트릭스상의 행은 한기업이 보유한 각 브랜드로 팔리는 제품들의 숫자와 유형을 보여주는 것으로 브랜드-제품 간의 관계를 나타내주며, 이와 관련된 주요한 의사결정사항은 브랜드확장전략이다. 한편, 매트릭스상의 열은 각 제품군에서 그 기업이 보유한 브랜드의 숫자와 특성을 표현하는 제품-브랜드 관계를 의미하며, 이와 관련된 중요한 의사결정사항은 브랜드 포트폴리오전략(brand portfolio stratege)이다.

[그림 5-3] 브랜드-제품 매트릭스

	제품군 1	제품군 2	제품군 3
브랜드 A			
브랜드 B			
브랜드 C			

가. 브랜드 확장 전략

브랜드 전략의 폭을 결정한다는 것은 그 기업이 보유한 브랜드에 얼마나 많이, 어떠한 제품을 연결킬 것인가를 결정하는 것인데, 이렇게 브랜드 전략의 폭에 대한 결정과 관련된 의사결정사항을 브랜드 확장 전략이라고 한다. 브랜드 확장 전략을 위해서는 어떤 제품시장으로 사업영역을 확장할 것인가를 결정해야 하며 다음에는 그 시장에서 내놓은 자사의 신제품을 자사의 어떤 기존 브랜드와 어떻게 연결시킬 것인가 하는 것을 결정해야 한다.

먼저, 진입시장을 선택할 때에는 전체적인 기준으로 볼 때, 규모가 크고, 성장속도가 빠르며, 제품수명주기상 성장기에 해당하고, 매출의 계절적 혹은 주기적 변동가능성이 적고, 수익률이 높은 시장이 매력도가 높은 시장이라고 할 수 있다. 시장의 구조적인 기준으로 평가할 때에는 신규사업진출자의 진입시장장벽이 높고, 소비자의 협상력의 비중이 낮고, 경쟁강도가 낮은 경우를 매력적인 시장이라고 할 수 있다. 한편, 신제품과 기존 브랜드와의 연결과 관련된 전략에 있어서는 선택된 제품시장에 기존의 브랜드를 사용할 것인지, 기업 내의 어떤 브랜드를 사용할 것인지, 어떤 형태로 기존의 브랜드를 사용할 것인지 하는 것들을 결정해야 하는데 이것이 바로 브랜드확장과 관련된 전략적 의사결정을 의미한다.

나. 브랜드 포트폴리오 전략

브랜드 전략의 깊이에 대한 결정은 기업이 공략하는 제품군 내에서 얼마나 많은 숫자의 어떤 특성의 브랜드를 내놓아야 하는가에 대한 의사결정이라고 할 수 있다. 한 제품군 내에서 하나 이상의 브랜드를 사용하는 중요한 이유는 기업의 시장 전략이 복수시장을 공략하는 시장 차별화 전략인 경우에 하나 이상의 브랜드가 필요하다고 할 수 있다. 또한, 복수 브랜드 전략의 또 다른 형태로 기존 브랜드의 여러 가지 변형을 이용하여 다른 세분시장들에 적용하려는 경우도 있는데, 예를 들어 호텔기업인 Holiday Inn은 전체 호텔체인을 고객의 편익에 근거하여 고품격의 Crown Plaza, 전통적인 Holiday Inn, 저렴한 Holiday Inn Express, 비즈니스 중심의 Holiday Inn Select와 Holiday Inn Suites and Rooms의 다섯 가지 체인으로 분류하였다.

한편, 최적의 브랜드 포트폴리오를 설계하기 위해서는 얼마나 많은 세분시장들을 공략해야 하는가 뿐만 아니라 이에 따른 비용과 이익의 비교분석이 반드시 이루어져야 한다. 즉, 한 브랜드는 다른 브랜드와 명확히 차별되어야 하며, 마케팅과 다른 비용을 충당할 수 있을 정도로 규모가 큰 세분시장에 소구될 수 있어야 한다. 또한, 기업이 한 제품군 내에서 복수의 브랜드들을 보유하게 되는 또 다른 이유는 동일시장 내에서의 브랜드들 간의 역할을 분담하기 위해서라고 할 수 있다. 예를 들어, 기업의 주력 브랜드(flagship brand)가 있고, 이를 보호하기 위한 방패 브랜드(flnaker brand)가 있고, 대상고객층을 늘리기 위한 염가기본형 브랜드(low-end brand), 전체 브랜드라인의 가치를 제고시키기 위한 최고급형 브랜드(high-end brnad), 시장점유율은 높으나 더 이상의 성장이 기대되지 않아 비용절감을 통한 이윤증대를 도모하는 돈줄 브랜드(cash cow) 등 여러 가지 역할의 브랜드들이 있으며, 위에서 언급된 브랜드의 차별화된 역할은 다음과 같다(안광호 외, 2003, p.157).

다. 차별화된 브랜드의 역할

- 기존 브랜드가 충족시키지 못하는 특정 세분시장의 고객을 유인할 수 있다.
- 주력(flagship) 브랜드들을 보호하기 위한 방패(flanker) 브랜드로서의 역할을 수행할 수 있다.
- 이윤 증대를 도모하기 위한 돈줄(cash cow) 브랜드로서의 역할을 수행할 수 있다.
- 대상 고객층을 늘리기 위한 염가 기본형(low-end level) 브랜드로서의 역할을 수행할 수 있다.
- 전체 브랜드 포트폴리오의 이미지와 신뢰성을 제고시키기 위한 최고급형(high-end prestige) 브랜드로서의 역할을 수행할 수 있다.
- 진열면적 확보와 소매점의 자사 의존도를 증가시키는 역할을 수행할 수 있다.
- 다양성을 추구하는 소비자들을 자사 제품에 계속해서 묶어두는 역할을 수행할 수 있다.
- 기업 내에서의 브랜드 간 내부경쟁을 증가시키는 역할을 수행할 수 있다.
- 광고, 판매, 제품, 유통에 있어 규모의 경제를 달성하는 역할을 수행할 수 있다.

라. 브랜드 계층구조와 브랜드 관리 전략

브랜드 계층구조(brand hierarchy)란 한 기업이 판매하는 여러 제품들에 적용되는 브랜드명 유형들 간의 서열을 보여주는 것으로 기업의 브랜드 전략의 구축에 있어 매우 유용한 수단이라고 할 수 있는데 Farquhar and Herr는 브랜드 계층구조를 기업브랜드(corporate brand), 공동브랜드(family brand), 개별브랜드(individual brnad), 브랜드 수식어(brand modifier)의 4가지 단계로 구분하였다. 기업브랜드는 가장 높은 차원에서 기업 수준에서의 브랜드를 의미하고, 공동브랜드는 기업브랜드가 아니면서 하나 이상의 제품범주들에 사용되는 브랜드로 정의할 수 있다. 개별브랜드는 일반적으로 하나의 제품범주에 국한되어 사용되는 브랜드로 정의할 수 있으며, 브랜드 수식어는 제품의 성분이나 속성을 나타내기 위해서 사용된다.

① 기업브랜드 수준에서의 브랜드 관리 전략

기업 브랜드 구축의 핵심적인 내용은 기업이미지의 형성이라고 할 수 있는데, 기업의 이미지란 어떤 제품이나 서비스를 생산하는 기업에 대해 소비자들이 가지고 있는 총체적인 연상이라고 할 수 있다. 특히 현재의 브랜드 전략에 있어서 기업 브랜드가 두드러진 역할을 하고 있다면 이러한 기업 이미지는 주의 깊게 관리되어야 한다. 기업의 이미지는 기업이 판매하는 제품이나 서비스, 기업이 수행하는 활동, 기업의 소비자들과의 커뮤니케이션 방식 등과 같이 여러 가지 요인에 의해서 결정되며 Barich and Kotler(1991)는 기업이미지에 영향을 미치는 11가지 요소를 제시하였으며 그 내용은 아래와 같다.

- 기업이 생산, 판매하는 제품이 특성 : 제품군, 품질수준, 내구성, 스타일 등
- 커뮤니케이션 활동 : 광고, 홍보, 판매촉진, 텔레마케팅 등
- 가격정책 : 경쟁제품과의 상대적 가격수준, 가격할인정책 등
- 유통망 : 점포이미지, 입지, 점포 내 서비스 등
- 판매원들의 특성 : 판매원들의 역량, 서비스 정도, 친절도, 신뢰도, 전문성 등
- 제품관련 서비스 : 부품구입 용이성, 제품설치관련 서비스, 수리시간, 반품수용동 등
- 고객지원 정도 : 고객교육, 제품지침서의 질, 고객 상담 등
- 기업경영의 내용 : 기업명성, 혁신성, 재무적인 안정성, 경영의 질 등
- 기업의 사회적 활동 : 환경보호, 소비자들의 생활의 질 높이기, 지역사회에의 참여도 등

- 기업의 사회적 공헌도 : 자선사업 활동, 산학연계활동의 정도 등
- 종업원들의 특성 : 급여수준, 응집력, 자사에의 충성도 등

또한, 기업브랜드는 소비자들에게 특정 제품이나 서비스 범주에 국한되어 사용되는 개별브랜드와는 전혀 다른 연상을 불러일으킬 수 있는데, 예를 들어, 기업브랜드는 여러 소속제품이나 서비스들의 공통된 속성, 기업, 종업원, 고객과의 관계, 기업의 신뢰도 등에서 비롯된 여러 다양한 연상들을 불러일으킬 수 있다고 할 수 있다.

② 공동브랜드 수준에서의 브랜드 관리 전략

기업브랜드와 마찬가지로 공동브랜드는 일반적으로 여러 제품 범주에 걸쳐 공통적으로 사용되는 브랜드인데, 기업브랜드와의 차이점은 공동브랜드에서는 기업과 관련된 연상이 두드러지게 나타나지 않는다는 점인데, 이는 기업브랜드와 공동브랜드가 분명하게 차별화되어 있기 때문이라고 할 수 있다. 한편, 기업들이 기업브랜드 대신 공동브랜드를 사용하는 이유는 기업이 판매하는 제품들 간의 유사성이 줄어들게 되면 기업브랜드만으로 어떤 제품이 보유한 의미를 나타내는데 어려움이 따르게 된다. 만일 기업브랜드가 유사성이 거의 없는 여러 다양한 제품들에 공통적으로 사용된다면, 서로 다른 특성을 가진 제품들을 효과적으로 묶어주는데 어려움을 겪게 된다.

③ 개별브랜드 수준에서의 브랜드 관리 전략

개별브랜드는 기본적으로 하나의 제품범주에 국한되는데, 개별브랜드의 장점은 브랜드와 이를 지원하는 모든 마케팅활동이 특정 소비자집단의 욕구 충족에 맞춰 이루어 질 수 있다는 점이라고 할 수 있다.

⑤ 브랜드 수식어 수준에서의 브랜드 관리 전략

기업브랜드, 공동브랜드, 개별브랜드의 사용 여부와는 상관없이 품목과 모델의 종류에 따라 브랜드를 구별해야 할 필요가 있는데 이러한 경우에 브랜드 수식어를 추가시킴으로써 품질의 속성이나 기능면에서 차이가 있음을 나타낼 수 있다. 브랜드 수식어는 같은 브랜드명을 사용하는 제품범주 내의 서로 다른 제품들이 속성이나 편익차원에서 어떠한 차이가 있는지를 나타내는데 중요한 역할을 수행한다고 할 수 있다.

Chapter 06

내부 마케팅

Chapter 06 내부 마케팅

1 | 내부 마케팅의 이해

1) 내부 마케팅의 정의

기업들은 두 종류의 고객들을 소유하고 있는데 한 가지는 외부 고객이고, 다른 한 가지는 기업의 내부 고객인 종업원들이다. 한 마디로 내부 마케팅을 정의하면 종업원을 최초의 고객으로 보고 그들에게 서비스 마인드나 고객지향적 사고를 심어주며, 더 좋은 성과를 낼 수 있도록 동기부여하는 활동이라고 정의할 수 있다(이유재, 2004 : p. 292). 한편 Berry는 내부 마케팅은 외부 고객에게 서비스를 제공하는 사람들이 최고의 사람들로 고용되고 유지되며, 또 그들이 가능한 한 최선의 일을 할 수 있도록 마케팅을 실천하는 철학적 적용이라고 하였다(Berry, 1984 : pp. 271~278).

외부 고객 만족을 위해서는 좋은 제품이나 서비스가 필요하듯이 내부 고객을 만족시키기 위해서도 좋은 제품과 서비스가 필요하다. 내부 고객을 만족시키기 위한 좋은 제품이나 서비스란 종업원에게 동기를 부여시키는 작업환경 · 관리방법 · 인사정책 등을 의미한다.

[표 6-1] 외부 마케팅과 내부 마케팅의 비교

구 분	외부 마케팅	내부 마케팅
대 상	소비자	종업원
제공물	상품	직무 및 작업환경
가 격	상품의 대가	직무의 대가
목 표	소비자 만족	종업원 만족

2) 내부 마케팅의 목적

내부 마케팅(internal marketing)은 내부 고객인 종업원들에게 동기를 부여시키는 것에 초점을 맞추고 있다. 기업이 내부고객인 종업원들의 욕구를 만족시키는 것이 곧 외부고객의 욕구를 만족시키는 것이라고 가정하는 것이다. 성공적인 내부 마케팅을 위해서는 종업원의 역할과 중요성을 인식하고 좋은 내부 마케팅의 상품 개발도 중요하다.

사례

에버랜드의 사람관리

최근 들어 고객만족경영에 있어 높은 평가를 받고 있는 에버랜드. 무엇보다 디지털 서비스 마인드와 함께 고객과의 접점에 있는 직원들이 제공하는 서비스의 질에 따라 고객만족의 품질이 결정된다는 신념으로 외부 고객에 대한 서비스 향상을 위해 내부 고객의 만족을 우선시하는 에버랜드의 정책 덕분이라고 할 수 있다. 에버랜드는 직원만족을 통한 고객만족의 실현을 구현하고자 직원 개인의 능력향상과 경력대발을 지원하고 발휘된 능력에 상응하는 처우를 하는 인재육성주의 및 능력주의 인사를 목표로 하고 있다. 또한 직원 개개인의 의사나 적성을 존중하여 업종 및 업무 특성을 감안한 탄력적인 인사제도를 실천하고 있다. 에버랜드의 직원만족을 위한 경영체제는 무엇보다도 직원 스스로 서비스인으로서 자부심을 부여하기 위한 노력으로 찾아볼 수 있다.

예를 들면 일반적으로 불리는 직원이란 호칭 대신 에버랜드를 하나의 무대(stage)로 보고 직원들 무대의 연극배우인 캐스트(cast)로 부른다든가 직원 기숙사를 캐스트하우스로 부른 것 등을 들 수 있다. 에버랜드는 캐스트들이 만족해야 고객이 만족한다는 신념 아래 고객을 만족시킬 수 있는 인력양성을 위해 캐스트들을 만족시킬 수 있는 인사제도, 교육제도 등을 실천하고 있다. 또한 캐스트들의 취미생활을 지원하기 위해 여러 가지 문화생활에 대한 다양한 지원을 하고 있다.

친절 서비스 교육, 외국어 교육, OA 교육 등을 시행하여 업무능력을 향상시키고 사내 독서대학의 운영, 외부 교육 지원 등으로 업무지식을 습득하게 하고 있다. 또한, 개인소양의 함양을 위해 전 사원 눈높이 해외연수와 자기계발 프로그램을 운영하는 등 사원 능력 향상 체계를 통해 직원의 고객만족 서비스를 위한 동기부여 및 환경을 조성하고 있다. 그리고 접점사원의 책임과 권한을 확대하여 더욱 신속한 고객에 대한 응대 및 처리를 하고 있다. 고객만족의 향상을 위해서는 무엇보다도 고객과의 접점에 있는 캐스트들의 참여가 매우 중요하다고 판단하고 직원제안제도, 안전제도, 서비스 수준의 자기평가 등을 통해 고객만족 서비스 개선을 위해 노력하고 있다.

또한, 에버랜드는 인사관리 측면, 특히 보상관리에서 보기 드물게 순수한 연봉제를 실시하고 있다. 순수연봉제란 임금을 구성하는 모든 항목에 대해서 능력에 따라 차등 지급하는 것을 말한다. 물론 성과가 미진할 때는 감급도 시행하는 파격적인 보상제도이다.

그리고 상반기와 하반기에 각 1회씩 연 2회에 걸쳐 직원만족도를 조사하여 직원의 의식과 직장생활 전반에 대한 만족도를 점검함으로써 일차적으로는 내부고객을 이해하고 직원 만족의 향상을 위한 문제점을 해결함으로써 지속적인 고객만족경영을 도모하고 있다.

자료 : Digital CS Journal, 2000년 11월호, 이유재, 서비스마케팅, 2004 기초로 재작성.

2 | 내부 마케팅 전략

1) 서비스 문화 확립

서비스 문화란 내부 고객과 외부 고객에 대해 좋은 서비스를 제공하는 것이 당연하고 가장 중요하다고 생각하는 기업 문화라고 볼 수 있다. 서비스 문화가 약한 기업은 일반적으로 공통적인 가치나 규범이 없거나 있더라도 명확하지 않은 경우가 많다. 그렇기 때문에 여러 가지 상황에 대하여 어떻게 반응해야 하는지가 분명하지 않다.

2) 서비스 문화 유지(이유재, 2004 : p. 294)

서비스 문화가 확립된 후에는 서비스문화를 유지하기 위한 내부 마케팅이 필요하다. 서비스 문화 확립과 측정지표는 다음과 같다.

① 서비스에 대한 명확한 사고방식이 확립되어 있다.
② 경영자가 서비스의 중요성을 계속 종업원에게 교육시키고 있다.
③ 고객제일이라는 사고방식이 관리자 사이에 정착되어 있다.
④ 모든 조직원들이 서비스품질의 중요성을 알고 있다.
⑤ 양질의 서비스가 실현될 때마다 적절한 보수가 주어진다.

확립된 서비스문화를 유지하지 않으면 종업원의 태도나 기업 내 규범이 쉽게 이전의 사고방식으로 돌아가게 된다. 서비스문화를 유지하는데 관련된 내부마케팅 목표는 다음과 같다.

① 관리방법이 지원적이도록 하며, 종업원의 서비스 마인드와 고객지향성을 향상시킨다.

② 종업원들에게 지속적으로 정보와 피드백을 제공한다.

③ 새로운 제품과 서비스 및 마케팅 캠페인 등을 시장에 도입하기 전에 종업원들에게 먼저 판매한다.

3 | 내부 마케팅과 호텔관광 인적자원관리

내부 마케팅이란 기업 내부의 고객인 직원들에게 기업이 하는 마케팅 활동인데, 내부 마케팅은 기업의 인적자원관리와 밀접한 관련이 있다고 할 수 있다. 먼저 기업이 하는 경영활동 중 하나인 인적자원관리의 내용을 크게 나누면 인적자원의 채용, 교육훈련, 인사고과와 승진, 보상, 유지관리, 방출과 이직관리 등으로 구분할 수 있다.

학자마다 인적자원관리에 관한 범위가 다르기 때문에 인적자원관리에 관한 학문적 정의를 명확하게 내리기는 매우 어렵다. 원래 기업의 인적자원을 관리하는 모든 기능과 과정을 의미하는 것은 인사관리(personnel management)라는 용어로 통칭되었는데, 인사관리 학문의 발전 초기에는 인적자원을 육체적 노동력이라는 생산요소의 효율적인 관리라는 관점에서 노무관리라고 명명된 적도 있었다. 이는 기업이 인적자원을 확보, 훈련, 평가, 보상, 유지하는 모든 경영과정을 의미하는 것이다. 또한, 여기서 노사관계(labor relations)관리를 포함시킬 것인가의 문제를 놓고 학자에 따라 약간 의견이 다르지만 일반적으로 기업의 미시적인 노사관계관리도 포함시킨다. 그 후 인적자원의 교육훈련과 개발의 측면이 강조되어 인적자원관리(human resources management : HRM)란 용어가 새로이 등장하여 사용되었는데 전통적인 용어인 인사관리와 큰 차이점은 없지만, 인적자원관리라고 할 때에는 인적자원의 활용 측면보다는 그 개발과 전략적 중요성 그리고 관리자로서의 기능이 더 강조되는 말이다. 그 후 최근에는 기업 전반의 전략적 관점에서 전략적 인적자원관리(strategic human resources management)로 발전하고 있다(임창희, 2005, p11).

즉, 인적자원관리(human resources management)란 조직목적을 달성하기 위하여 인적자원을 효율적으로 관리하기 위한 통합적 의사결정시스템이라고 할 수 있다. 위에서 인적자원관리의 용어에 관한 발전과정을 설명하였으며, 본 교재에서는 인적자원관리라는 용어를 사용하였다.

[표 6-2] 인적자원관리 용어의 변화 과정

노동관리 = 생산관리
노무관리(labor management) = 공장노동자관리
노무관리 = 생산관리 + 사무관리
인사관리(personnel management) = 사무직원관리
인사관리 = 노무관리 = 노사관계관리
인적자원관리(human resources management : HRM)
전략적 인적자원관리(Strategic HRM) = 인사 + 노사 + 전략

자료 : 임창희, 신인적자원관리, 2005, p11.

기업의 경영기능은 생산관리, 마케팅, 재무관리, 경영정보관리, 경영전략, 인적자원관리 기능 등으로 분류할 수 있는 그 중에서 인적자원관리가 다른 경영기능에 비해서 상대적으로 가장 중요한 기능 중 하나라고 할 수 있다. 그 이유는 첫째, 생산, 재무, 회계, 판매, 마케팅 등 모든 기업의 경영기능을 수행하는 것이 인적자원이기 때문이다. 둘째, 산업의 구조가 기계가 업무를 수행하는 업무중심에서 정보 · 지식기반사회로 변화하면서 인적자원에 대한 의존도가 예전에 비해 훨씬 더 증가했다고 할 수 있다. 셋째, 인적자원관리는 기업의 성과뿐만 아니라 직원들의 삶의 질과도 밀접한 관계를 가지고 있기 때문에 인적자원관리가 잘못됐을 경우에 그 영향은 기업에게만 미치는 것이 아니라 그 기업의 모든 구성원들에게 미치게 된다.

이러한 환경하에서 최근 호텔관광산업의 인적자원관리에 있어서 영향을 미치는 주요한 변화는 무엇인지를 생각해보고 이러한 환경의 변화가 호텔관광산업의 인적자원관리에 어떠한 영향을 미치며 이에 대한 기업의 대응방안을 생각해보고 대비하는 것이 중요한 점이라고 할 수 있다. 특히, 호텔기업의 경우를 살펴보면 호텔기업들은 근본적으로 인적자원에 대한 의존도가 매우 높다고 할 수 있다. 모든 산업에 있어서 인적자원에 대한 의존도는 중요하지만 호텔산업의 특성상 호텔기업의 경영성과는 인적자원에 의해 좌우되기 때문에 특히 호텔산업에 있어서 인적자원을 매우 주요하다고 할 수 있다. 왜냐하면, 특급호텔같이 어느 정도 유형성(tangibility)과 같은 부분에 있어서 갖추어진 호텔의 경우 다른 경쟁기업들과 차별화할수 있는 핵심역량(core competencies)을 보유하는데 있어서 어려움을 가질 수 있기 때문에 인적자원의 서비스 품질(service quality)로 경쟁 호텔기업들과 차별화할 수 있기 때문에 인적자원을 매우 중요한 경영자원이라고 할 수 있다.

또한, 호텔기업들은 산업의 특성상 1년 내내 사업을 진행해야 하기 때문에 지속적인 생산해야 하는 상황인데, 이러한 상황에서 호텔기업들이 투입해야 하는 자원은 크게 물적 자원과 인적자원으로 나눌 수 있는데 특히, 인적자원들이 연중무휴로 투입되어야 하기 때문에 인적자원은 매우 중요한 자원이라고 할 수 있다. 호텔기업의 인적자원관리의 궁극적인 목적은 최적의 인원을 유지하고 활용가능한 인적자원을 최대한 활용하여 경영성과를 달성하는 것이라고 할 수 있다.

[표 6-3] 인적자원관리의 활동내용

구분	채용	개발	보상	유지	방출
계획	-채용인원 책정 -인력공급 추이 관찰 -노동시간 책정	-교육내용 -보완할 점 점검	-공정성 점검 -보상정도 점검 -임금기준 점검	-욕구와 태도 확인 -직장만족수준 확인	-이직이유분석 -미래생산량 분석 -해고규모 책정
실행	-모집홍보 -선발면접 -배치	-인사평가 -교육진행 -경력개발	-임금책정 -복지후생	-사기유발 -갈등해결 -노사분규관리	-이직관리 -징계 -권고퇴직
통제	-모집효과분석 -선발분석	-교육효과 분석 -경력개발결과 분석 -투입비용계산	-배분의 적정성 분석 -보상태도 분석 -승급체계문제 분석	-사기향상 정도 확인 -불만감소량 확인 -생산공헌도 확인	-이직률 -징계율감소 분석

자료 : 임창희

(1) 채용

기업이 우수한 종업원을 채용하는 것은 매우 중요한 일이다. 특히 서비스 기업은 서비스 능력(service competencies)뿐만 아니라 서비스 성향(service inclination)을 고려해야 한다. 서비스 능력이란 기술이나 지식 또는 신체적 조건이나 학위 등을 의미하지만, 서비스 성향이란 가치관 · 태도 등을 의미하는 것으로 남을 기꺼이 도우려는 성향과 사려깊음 및 사교성 등이 이에 속한다.

(2) 교육과 훈련

내부 마케팅에 있어서 가장 중요한 부분 중 하나는 종업원들의 교육과 훈련이다. 고객중심의 종업원을 양성하기 위해서는 종업원들의 사고와 기능을 개발하는 교육훈련이 필요하며, 이는 크게 세 가지 형태의 훈련으로 나눌 수 있다(이유재, 2004 : pp. 397~407; 신혜숙, 2004: pp. 227~228 재인용).

첫째, 서비스전략이 어떻게 작용하는가, 다른 종사원 및 부서와 고객과의 관계에 있어서 자신의 역할은 무엇인가에 대한 전체적인 이해를 제공한다.

둘째, 서비스 전략과 마케팅지향적 성과에 대한 호의적 태도를 개발하고 향상시킨다.

셋째, 종사원들의 커뮤니케이션과 판매 및 서비스 기술을 개발시키고 향상시킨다.

(3) 임파워먼트

임파워먼트(impowerment)는 종업원에게 상황에 따른 의사결정권한을 부여하는 것을 의미한다. 고객의 만족을 위해서는 종업원에게 상황에 따른 의사결정권한을 부여하는 것이 필요하다. 이러한 임파워먼트를 통해서 고객만족을 증대시킬 수 있으며, 내부 마케팅 측면에서는 종업원들의 직무만족을 가져올 수 있다. 〈표 6-4〉는 임파워먼트의 장점과 단점을 요약한 것이다.

[표 6-4] 임파워먼트의 장 · 단점

장 점	단 점
서비스 전달 시 고객에게 즉각적인 대응 서비스 회복 시 불만족고객에 즉각적인 대응 종업원의 직무만족과 자기만족 상승 종업원이 온정과 열의로 고객을 대함 권한부여된 종업원은 아이디어의 원천 고객으로부터 좋은 구전광고효과 창출	종업원 선발과 훈련에 많은 투자 필요 노무비의 상승 비일관적이고 느린 서비스전달이 우려됨 Fair Play에 대한 고객기대의 파괴 우려 종업원의 잘못된 의사결정 가능성

자료 : 이유재, 2004 : p. 301.

4 | 자율성과 내부 마케팅

빠르게 변화하는 마케팅환경하에서 호텔관광기업들은 기업을 운영하기 위해서 대규모 투자가 불가피하고 경쟁자들에 비해서 보다 앞선 경쟁우위를 확보하기 위하여 규모의 경제와 효율성을 추구하게 된다. 그러나 이러한 호텔관광기업 중심의 통제메커니즘은 기업 내에서 내부 고객인 직원들의 욕구를 충족시키지 못할 수 있다.

따라서 호텔관광기업에 근무하는 내부 직원들의 자율성(autonomy) 문제가 생겨나게 되는데 호텔산업의 경우 규모가 큰 글로벌체인호텔기업들이 많기 때문에 내부 직원들의 자율성은 내부적으로 해결할 수도 있지만 본사와 세계 각지에 흩어져 있는 자회사와의 의사결정권한에 의해서 내부 직원들의 자율성 정도가 결정되는 경우가 많이 있다. 이와 관련하여 Cray(1984)는 자회사의 환경이 본사와 이질성이 커 환경에 대한 융통성이 필요한 경우와 통제비용이 클 경우에 자회사의 자율성이 높아진다고 하였다. 더불어 다국적기업은 글로벌화와 현지화의 압력을 동시에 받으면서 자회사에게 어느 정도의 의사결정권한을 부여할 것인지의 문제인 자회사 자율성 문제는 매우 중요한 주제가 되고 있다. 특히, 호텔관광기업들을 포함하여 기업들의 글로벌화가 가속화되면서 다국적기업 자회사의 자율성은 더욱 중요한 문제로 대두되고 있다.

5 | 자율성과 성과

기업이 입장에서는 기업의 성과가 가장 중요한 부분이기 때문에 자회사의 자율성 정도가 자회사 성과에 미치는 영향은 매우 중요한 주제라고 할 수 있다. 기존의 다국적기업 성과와 관련된 연구들은 다국적기업 전체의 성과와 관련된 연구들이 대부분이었으나 최근에는 다국적기업 자회사의 역할 및 비중이 증가하면서 자회사만의 성과와 관련된 연구들이 시작되고 있는 시점이라고 할 수 있다.

조직이론에서는 종업원들의 자율성과 임파워먼트가 기업 성과에 미치는 영향과 관련된 연구들이 일부 진행되었지만 세계적인 유명 체인호텔기업들과 같은 다국적기업의 자율성과 그 성과와의 관계에 관한 연구는 거의 이루어지지 않은 상황이다.

조직이론적인 관점에서 종업원들의 자율성은 기업의 불확실성과 복잡성에 대응하여 보다 신속하고 유연하며, 혁신적으로 대응할 수 있다는 것을 의미한다. 또한, 자율성은 종업원의 내재적 동기부여에 의해 그들이 가지고 있는 다양한 잠재능력을 최대한 활용할 수 있는 기회를 제공해 줌으로써 조직의 핵심역량을 배양시킬 수 있는 주요요소로 간주되고 있기도 하다.

위의 이론을 다국적기업의 본사와 자회사의 관계에 적용시키게 되면 본사가 자회사에 높은 정도의 자율성을 부여하게 되면 자회사들이 현지 시장환경에 적합한 운영을 할 수 있도록 기회를 제공해 줌으로써 자회사의 핵심역량(core competencies)을 배양시킬 수 있다. 이렇게 핵심역량을 보유한 자회사들은 자회사의 역할에 있어서 많은 학자들이 분류한대로 현지시장에서 자회사 스스로 핵심역량을 보유하여 높은 성과를 올리면서 이러한 핵심역량을 다국적기업 전체에 영향을 미치는 자회사 유형인 "centers of excellence"로 자리매김 할 수 있다.

최근에는 자회사 역할과 중요성에 초점이 맞춰지면서 본사와 자회사의 관계 및 자회사와 자회사의 관계에 관한 연구들이 활발하게 진행되고 있다. 이러한 주제와 관련된 부분이 자회사의 역할인데 여러 학자들은 현지시장의 중요성, 자회사의 역량, 자회사의 역량이 다국적기업 전체에 미치는 영향 등에 따라 자회사의 역할을 분류하였고, 이렇게 다른 역할을 수행하는 자회사들은 각각의 역할에 따라 다른 정도의 자율성을 보유하게 된다.

조직이론적인 관점에서 아무리 능력 있는 작업자를 갖춘 기업이라 할지라도 적절한 의사결정시기를 놓치면 경쟁에서 이기기 힘들며 현장에서 고객, 공급자 등과 직접 접촉하는 조직구성원은 가장 적합한 정보와 대응책을 파악할 수 있다. 또한, 현장 담당자에게 주요 권한을 위임함으로써 대응의 민첩성을 높일 수 있다(박성환, 2000). 이러한 조직이론적인 관점을 자회사 자율성에 적용시키면 자회사는 현지시장에서 기업을 운영하는데 있어서 신속한 의사결정을 통해서 빠른 속도로 가장 적합한 정보와 대응책을 강구할 수 있다. 또한, 마케팅적인 측면에서 현지 소비자의 다양한 취향을 지리적으로 멀리 위치한 본사보다 더 잘 파악하는 것이 가능하기 때문에 자회사의 높은 자율성은 자회사의 성과를 높이게 될 것이다.

그리고 기존의 연구들에서 성과가 높은 다국적기업의 해외 자회사들은 다른 자회사들보다 일반적으로 더 높은 정도의 자율성을 누리고 있는 것으로 보고되고 있다. 현지 자회사의 성과가 높으면 본사의 통제가 약한 반면, 경영성과가 좋지 않으면 본사는 자회사의 경영활동에 적극적으로 개입하려 하기 때문이다. 높은 조정강도는 현지 경영자의 창의력과 현지경영의 질적 수준 및 지역적 융통성에 역기능으로 작용되고 본사에 대한 권한 집중과 과도한 조정은 자회사의 효율성에 부정적 영향을 미치므로 가능한 최대한의 자율성이 현지 경영에 주어져야 한다는 연구들이 최근 보고되고 있다.

이와 같이 자율성은 종업원의 직무에 대한 창의성과 조직의 혁신 및 조직의 전념을 통한 성과 향상을 위해 매우 중요하다고 할 수 있다. 이러한 점은 많은 체인호텔을 운영하는 글로벌 파워브랜드를 가진 호텔기업들의 인적자원관리 분야에도 적용될 것으로 생각된다.

호텔관광 시장세분화

Chapter 07

호텔관광 시장세분화

1 | 관광시장세분화

1) 시장세분화의 개념

시장세분화(market segmentation)란 전체시장을 공통적인 특성을 가진 구매자들끼리 그룹으로 나누는 과정을 의미한다. 또한 이렇게 나누어진 동질적인 부분시장을 세분시장(market segment)이라고 하며, 이러한 세분시장 중 마케터들이 구체적인 마케팅 믹스(marketing mix)를 개발하여 초점을 맞추고 있는 시장을 표적시장(target market)이라고 한다. 표적 마케팅(target marketing)은 이러한 표적시장에 대해서 마케팅활동을 펴는 것을 의미한다.

2) 시장세분화의 이점

시장세분화는 인구증가가 둔화되고 보다 많은 제품들이 성숙기에 접어들면서 기업들이 시장점유율 획득과 브랜드 확장 · 확대 등을 통해 성장을 추구하기 때문에 시장에서 경쟁이 점점 치열해지면서 더욱 중요성이 증대하고 있다. 또한 고객들의 욕구와 취향의 다양화도 시장세분화의 중요성을 증가시키는 한 요인으로 작용하고 있다. 시장세분화는 다음과 같은 이점이 있다.

① 시장기회를 보다 쉽게 찾아낼 수 있다. 각각의 세분시장의 욕구와 이들을 대상으로 하는 상품들을 살펴보면, 충족되지 못한 고객의 욕구를 찾아낼 수 있는데, 이것이 바로 시장기회이다. 이러한 시장기회를 이용하여 그 세분시장에 적합한 상품을 개발할 수 있게 된다.

② 마케팅 믹스를 보다 효과적으로 조합할 수 있다. 세분시장의 특정요구에 초점을 맞춰 제품 · 가격 · 유통경로 · 촉진 등의 마케팅 믹스요인들을 일관성있게 조화시켜 고객들이 제품을 명확하게 이해하고 인식할 수 있게 하고, 경쟁제품과도 차별화시킬 수 있게 된다.

③ 시장수요의 변화에 신속하게 대처할 수 있다. 세부시장은 전체시장보다 규모가 작기 때문에 기업은 수요의 변화를 쉽게 파악할 수 있고, 세분시장의 수요변화에 대해서도 신속하게 대응할 수 있게 된다.

3) 시장세분화의 요건

시장세분화를 하는 목적 중 가장 중요한 것이 마케팅 믹스를 효과적으로 활용하려는 것이다. 이러한 목적을 달성하기 위해서는 가장 적절한 방법으로 시장세분화를 해야 하는데, 이를 위해서는 각각의 세분시장이 다음과 같은 요건을 갖추어야 한다.

(1) 측정가능성

시장세분화 변수들 중에는 측정하기 어려운 변수들도 있는데, 측정가능성(measurability)이란 세분시장의 규모와 구매력(purchasing power)을 측정할 수 있는 정도를 의미한다.

(2) 세분시장 내의 동질성

세분시장 내의 동질성(homogeneous-within)이란 각 세분시장 내의 소비자들이 시장세분화를 위한 변수의 측면에서 가능하면 서로 비슷하여야 한다는 것을 의미한다. 예를 들면, 우리나라 자동차시장을 소득수준과 가족 수를 기준으로 세분화한다고 하였을 때, 각 세분시장 내 소비자들의 소득기준과 가족 수가 서로 유사해야 한다는 것이다.

(3) 세분시장 간의 이질성

세분시장 간의 이질성(heterogeneous-between)이란 시장세분화가 효과적으로 이루어지기 위해서는 각 세분시장 간 소비자들의 특성이 서로 달라야 하는데, 이것을 세분시장 간의 이질성이라 한다.

(4) 규모

어느 한 세분시장을 표적시장으로 삼아서 마케팅 믹스를 제공하는데에는 상당한 비용이 투입되기 때문에 적어도 하나의 세분시장의 규모(size)가 독자적인 마케팅 프로그램을 시도할 만한 크기가 되어야 한다.

(5) 접근가능성

접근가능성(accessibility)이란 세분시장에 접근할 수 있고 그 시장에서 활동할 수 있는 정도를 의미한다. 충분한 규모의 세분시장이 존재하더라도 세분시장을 연결해 줄 매개체가 없으면 시장세분화는 성공하기 힘들다.

4) 시장세분화의 기준

시장세분화는 효과적인 마케팅 믹스를 위해서 이질적인 전체시장을 동질적인 세분시장으로 나누는 것으로, 전체시장을 세분시장으로 나누는 기준이 되는 변수를 시장세분화 변수(market segmentation variables)라고 한다. 일반적으로 사용되는 시장세분화 변수는 지리적 변수, 인구통계적 변수, 심리적 변수, 행동분석적 변수 등이 있다.

[표 7-1] 시장세분화의 기준

구 분	변 수
지리적 변수	지역, 도시 규모, 기후 등
인구통계적 변수	연령, 성별, 소득, 직업, 교육수준, 가족규모 등
심리적 변수	사회적 계층, 라이프스타일, 개성 등
행동분석적 변수	사용량, 추구하는 편익, 구매준비, 상표충성도 등

(1) 지리적 변수

지리적 변수(geographic variables)는 시장을 국가 · 도 · 시 · 군 등의 지역, 도시와 시골, 기후 등에 의해서 세분화하는 변수이다.

(2) 인구통계적 변수

인구통계적 변수(demographic variables)는 연령 · 성별 · 소득 · 학력 · 직업 · 종교 및 결혼 여부 등의 인구통계적 변수를 기준으로 시장을 세분화하는 변수이다. 인구통계적 변수는 고객의 욕구 및 구매행동과 밀접하게 관련되어 있는 경우가 많으며, 다른 변수들에 비하여 측정이 비교적 쉽기 때문에 가장 많이 사용되는 변수라고 할 수 있다.

(3) 심리적 변수

심리적 변수(psychographic variables)는 사회계층 · 라이프스타일 · 개성 등으로 시장을 세분화하는 것이다. 사회계층(social class)은 비슷한 수준의 사회적 지위와 경제력을 지닌 사람들의 집합으로 같은 계층구성원들끼리는 가치관 · 사고방식 · 행동 · 태도의 면에서 많은 공통점을 가지고 있다. 심리적 변수 중 가장 대표적인 것이 라이프스타일(life style)인데, 주로 사람들의 활동(activity), 관심(interest), 의견(opinion)을 기준으로 집단을 분류하는데, 영문표기의 머릿글자를 따서 AIO분석이라고도 한다.

개성(personality)은 개인의 내적 · 외적 기질을 말하는 것으로 Horney는 사람의 주요한 개성을 순응형 · 공격형 · 고립형으로 분류하였다. 심리적 변수에 의한 세분화는 시장을 보다 효과적으로 세분화할 수 있게 해주고 많은 정보를 제공해주지만, 몇 가지 한계점을 지니고 있다. 먼저 지리적 변수나 인구통계적 변수는 비교적 개념이 분명하지만 심리적 변수는 변수의 정확한 측정이 어려운 점이 있다. 또한 심리적 변수와 고객욕구 사이에 상관관계가 모호한 경우가 많으며, 세분화의 기준이 추상적일 경우에는 세분화에 대한 효과적인 접근매체가 없어서 어려움이 있다.

(4) 행동분석적 변수

위에서 언급된 지리적 · 인구통계적 · 심리적 변수들은 모두 고객의 특징에 초점을 맞춘 분석방법이었다. 그러나 행동분석적 변수(behavioral variables)는 소비자와 상품과의 관계에 초점을 두는 세분화의 기준이다. 세분화의 기준으로는 소비자가 상품에 대해 나타내는 반응을 토대로 추구하는 편익 · 사용량 · 상표충성도 등이 있다.

5) 호텔관광산업의 시장세분화

호텔관광시장은 다양한 관광객의 욕구로 인해 다수의 이질적인 시장으로 구성되어 있다. 관광시장은 인구통계적 · 사회경제적 기준, 심리적 기준, 지리학적 기준, 여행목적 기준, 유통경로 기준, 행동기준, 편익기준, 구매계기 기준 등 8가지로 세분화할 수 있다.

(1) 인구통계적 · 사회경제적 세분화

이 기준은 통계자료의 수집과 매체 및 조사를 통한 각종 정보의 비교와 적용, 자료의 해석과 응용의 용이성으로 인해 현재까지 시장세분화의 기준으로 가장 많이 활용되고 있다. 일반적으로 연령과 수익은 레크리에이션 참여의 주요 변수임은 부정할 수 없으나 시장을 세분화할 때 이러한 변수들만으로는 세분시장에 속한 구성원들이 유사한 선호를 가지고 있다고 보기 힘들기 때문에 불완전한 점이 많이 있다.

(2) 심리적 세분화

관광객은 여행상품의 구매 시에 그 선택기준이 이상적이거나 경험적 가치보다는 준거집단의 형태를 모방하거나 답습하려는 성향이 많으며, 타인을 의식하고 타인과의 경쟁심리가 많이 작용되므로 심리적 세분화 방법이 최근에 주목받고 있다. 심리적 세분화는 실행상 어려움이 많고 비용이 많이 드는 단점에도 불구하고 기존의 분석방법에 의해 획득된 정보를 보완하여 활용되면 고도로 전문화되고 광범위하게 개발된 관광시장에서 많은 효과를 거둘 수 있을 것이다.

(3) 지리적 세분화

지리적 세분화는 세분시장의 경계가 명확하다는 장점이 있지만, 통신과 교통수단이 발달한 요즘에는 지리적 세분화가 동질성을 가지고 있다고 기대하기 어렵다. 하지만 이와 같은 이유에도 불구하고 지리적 세분화를 고려하는 이유는 대부분의 매력적인 관광목적지는 대조적인 기후와 경관미 등에 의존하고 있는 것이 현실이고, 이것은 관광객송출지와 관광목적지 간의 거리를 의미하기 때문이다. 또한 지리적 세분화는 목표시장에 접근하기 위한 수단을 제시해 주고, 잠재고객이 소재하고 있는 곳을 알게 해 줌과 동시에, 이들과 커뮤니케이션을 가능하게 해줄 방안을 제시해주기 때문이다.

(4) 여행목적별 세분화

여행목적별 세분화는 호텔관광시장을 비즈니스 여행시장과 관광목적 여행시장으로 세분화하고 있다. 예를 들면, 싱가포르에 위치한 호텔들은 관광시장을 단체시장과 개인시장으로 나누고, 다시 단체시장은 그룹투어 · 국제회의 · 항공사승무원 등으로 분류하고, 개인시장은 개인여행객과 빈번한 여행객(frequent traveler) 등으로 세분화하고 있다.

(5) 행동적 세분화

행동적 세분화는 실제의 호텔관광상품이나 여행상품 속성에 대해 여행객이 지닌 지식 · 태도 · 용도 및 반응, 이용률, 추구편익, 구매계기, 여행객의 지위, 상표집착도 등을 기준으로 해서 세분화하는 것이다.

(6) 편익 세분화

편익 세분화는 호텔관광상품을 구매한 후 여행객이 느끼는 효익에 대한 상대적인 중요성을 기초로 해서 시장을 세분화하는 방법이다. 편익 세분화를 실시할 때는 여행객들이 호텔관광상품 계층에서 얻으려는 주요혜택이 무엇이고, 각 혜택을 찾는 여행객들의 유형은 어떠하며, 각 혜택을 줄 수 있는 상표품은 무엇인지 결정해야 한다.

(7) 구매계기의 세분화

구매계기의 세분화는 호텔관광기업의 서비스를 구매하는 경우 구매계기에 따라 관광객을 세분화하는 것이다. 예를 들면, 여행객을 업무 · 휴가 · 가족여행 등으로 구분하는 경우인데, 이러한 구매계기의 세분화를 통해서 여행사는 전문적인 상품개발이 가능하게 된다.

사례

스타일을 중요시하는 W호텔

고전적인 호텔의 이미지를 깨고 업계에 신선한 바람을 불러일으킨 W호텔은 도시적인 이미지의 스타일이 살아있는 곳이다. W호텔은 보다 특별한 것을 원하는 신세대 비즈니스 여행객들의 취향을 공략했고 그 전략은 성공적으로 들어맞았다. 대중에게 선보인 지 5년 만에 독특한 스타일을 내세우며 부티크 호텔이라고 까지 불리게 되었다. W호텔은 웨스틴, 쉐라톤, 포 포인츠 드의 호텔 그룹을 소유한 Starwood and Resorts World에 속한 새로운 개념의 호텔이다. 업계의 치열한 경쟁 속에서 처음부터 도회적인 라이프스타일과 첨단 시설이 조화된 새로운 환경에 초점을 맞추었다.

W호텔이라는 특이한 이름은 w라는 글자에서 시작한다. 따뜻한(warm) 분위기, 훌륭한(wonderful)시설, 위트(witty) 있는 디자인과 첨단 시설을 완전히 갖춘(wired) 호텔이 보내는 환영(welcome)의 메시지, 그것이 바로 W호텔이다. 최초의 W호텔은 전형적이고 전통적인 개념의 호텔을 거부하고 새로운 움직임을 창조하는 비전을 기반으로 1998년 12월에 뉴욕에서 문을 열었다. Starwood 계열 최초의 스타일 호텔인 W뉴욕의 로비는 오픈한지 2주만에 레스토랑과 바를 찾는 고객으로 가득 찼다. 고객들의 폭발적인 반응은 대단해서 출입구에서 호텔 객실키를 확인하는 방법으로 방문객의 출입을 제한해야 할 정도였다.

W호텔은 현재 뉴욕에 5개, 전미 대륙에 16개, 시드니에 1개가 있으며, 멕시코시티, 몬트리올, 서울에 오픈을 앞두고 있다. 세계의 모든 W호텔에서는 발을 들여놓는 순간 각각 위치한 도시와 조화된 W만의 스타일을 느낄 수 있다. W호텔의 디자이너들과 각 지역 최고의 디자이너들이 함께 모여 브랜드의 이미지를 유지하면서도 지역의 특성을 최대한 살린 디자인을 만들기 때문이다. 예를 들어, W시드니는 과거 양털 창고였던 항구의 건물을 개조해 세련된 디자인의 호텔로 만들었다. 붉은 유리벽으로 장식된 로비에 물결모양의 철강과 원목으로 된 빌딩 구조가 그대로 드러난다. 바닥에서 천장까지 이어지는 통유리창에는 항구가 그대로 내다보

인다. 원형 카펫으로 편안한 분위기를 만들어 이 건물의 과거 이미지를 살려 푹신한 양털 안락의자를 배치해 놓았다. W뉴욕의 오아시스 로비는 땅, 바람, 불, 그리고 물 등의 자연 요소에서 영감을 얻었다. 투숙객들이 폭포를 둘러싼 드라마틱한 유리벽을 거쳐 내부로 들어오게 디자인 된 로비가 이를 단적으로 보여준다. W호텔 로스앤젤레스에 들어서면 서리가 내린 듯한 유리 계단을 지나 조명이 있는 폭포를 거쳐 가게 되어 마치 물위를 걷는 듯한 느낌이 든다.

W호텔 시카고 레이크쇼어는 간결한 젠 스타일의 장식이 압도적이다. W호텔의 객실은 비즈니스맨의 필요를 충족시키기 위한 최상의 엔터테인먼트 시스템과 첨단 시설을 갖추고 있다. 예를 들어, W로스앤젤레스는 기업 회의시에 오감을 자극해 능률과 의욕을 향상시키기 위해 고안된 감각적인 룸세팅을 제공한다. 무드 있는 배경음악을 깔고 아로마테라피를 이용해 회의실의 분위기를 상쾌하게 하는 식이다. 또한, 각종 과일, 민트가 우러난 물과 새콤한 알사탕 등을 항시 비치하고 있다. 참석자들을 안정시키는 용도로 W스트레스 볼, 핀 임프레션과 숫자 퍼즐 등도 제공된다. W호텔의 객실은 다양한 영화와 주문형 비디오, 초고속 인터넷 등의 서비스가 제공될 뿐만 아니라 팩스 송수신과 스피커폰 기능을 갖춘 전화도 설치되어 있다. 그러나 객실의 본질은 휴식에 있음을 W호텔은 잊지 않는다. 고객들이 조용하고 아늑한 분위기에서 쉴 수 있도록 디자인된 W호텔의 객실은 포근한 안식처를 콘셉트로 한다. 객실마다 거위털로 채워진 린넨 이불과 베개, 커다란 책상, 간단한 음료와 스낵이 준비되어 있다.

W호텔은 스타일과 시설 못지 않게 세심하고 개별화된 서비스를 중요시한다. W호텔은 고객이 원한다면 무엇이든지(whatever), 언제든지(whenever) 서비스한다는 W철학을 가지고 있다.

자료원 : 한국경제신문, 2003년 4월 21일.

Chapter 08

호텔관광 표적시장, 포지셔닝

Chapter 08

호텔관광 표적시장, 포지셔닝

1 | 호텔관광 표적시장

1) 표적시장 선정

시장세분화는 표적시장 선정을 위한 준비단계인데, 시장세분화를 통해 나누어진 세분시장 중에서도 구체적인 마케팅 믹스(marketing mix)를 개발하여 대상으로 삼으려는 세분시장을 표적시장(target market)이라 한다. 기업이 여러 개의 세분시장 중 표적시장을 선정할 때 고려해야 할 요인은 세분시장의 전반적인 매력성과 기업의 목표 및 보유하고 있는 자원과 능력이다. 전반적인 시장의 매력성이란 세분시장의 규모 · 성장성 · 수익성 · 경쟁정도 · 위험도 · 규모경제 등을 분석한 것이다. 또한 표적시장을 선정할 때에는 기업의 목표와 일치하는지와 이를 위해 기업이 보유하고 있는 자원과 능력을 고려해야 한다.

2) 표적시장 전략

표적마케팅 전략은 크게 비차별적 마케팅 전략(undifferentiated marketing strategy), 차별적 마케팅 전략(differentiated marketing strategy), 집중화 전략(concentrated strategy)으로 분류할 수 있다.

(1) 비차별적 마케팅 전략

비차별적 마케팅 전략(undifferentiated marketing strategy)이란 세분시장 간의 이질성과 차이를 무시하고 다수의 공통된 욕구에만 초점을 두어 표준화된 마케팅 프로그램을 개발하여 제공하는 전략이다. 비차별적 마케팅 전략은 규모의 경제(economies of scale)를 이용하여 비용을 절감할 수 있고, 전체시장이 유사한 욕구를 지니고 있을 때 효과적인 마케팅전략이다. 하지만 고객의 다양한 욕구를 충족시키기 어려운 단점이 있다.

(2) 차별적 마케팅 전략

차별적 마케팅 전략(differentiated marketing strategy)은 다수의 세분시장을 대상으로 세분시장별로 마케팅 믹스를 개발하여 마케팅 전략을 실행하는 것을 의미한다. 차별적 마케팅 전략은 다양한 고객의 욕구에 맞추어 여러 가지 상품을 다양한 가격으로 제고하고 다양한 촉진방법을 실시하게 되므로 보다 많은 고객을 확보할 수 있지만, 비용이 많이 든다는 단점이 있다.

(3) 집중화 전략

집중화 전략(concentrated strategy)은 기업이 하나의 세분시장만을 선정하여 집중적으로 공략하는 전략이다. 집중화 전략은 기업이 표적으로 하는 세분시장이 하나이기 때문이다. 고객욕구와 시장성격을 정밀하게 분석할 수 있고, 마케팅 노력을 집중할 수 있으며, 생산 · 유통 · 촉진을 전문화할 수 있다는 장점이 있다. 하지만 집중화 전략은 시장의 범위가 좁기 때문에 표적시장의 소비자욕구가 변하거나 강력한 경쟁자가 진입하는 경우에 큰 타격을 받을 수 있다.

2 | 호텔관광 포지셔닝

1) 포지셔닝의 개념

포지셔닝(positioning)이란 용어는 시장 내 고객들의 마음에 위치잡기라는 의미를 갖는다. 시장에서 기업의 포지셔닝 전략은 시장세분화를 기초로 정해진 표적시장 내 고객들의 마음에 시장분석, 고객분석, 경쟁분석 등을 기초로 하여 얻은 전략적 위치를 계획한다는 의미를 갖는다. 즉, 시장에서의 차별적 위치를 차지하여 고객욕구를 충족시키는 서비스를 표적시장에 제공하는 것이다(이유재, 2004 : p. 72).

2) 포지셔닝 전략

기업은 다양한 방법으로 제품이나 서비스를 포지셔닝시킬 수 있다. 포지셔닝의 유형을 살펴보면, 소비자 포지셔닝과 경쟁적 포지셔닝을 구분할 수 있다. 소비자 포지셔닝은 소비자에 관심을 두고 기업의 제품이나 서비스를 소비자 마음속에 자리매김하는 것이다. 소비자 포지셔닝은 속성, 이미지, 사용상황 및 사용목적, 제품사용자에 의한 포지셔닝이 있다.

속성에 의한 포지셔닝은 제품의 속성 및 고객의 혜택과 관련하여 포지셔닝하는 방법으로 예를 들면, 볼보 자동차 같은 경우는 튼튼하고 안전한 차로 소비자들에게 포지셔닝되어 있다. 이미지 포지셔닝은 말 그대로 이미지를 포지셔닝하는 것으로 의류 · 보석 등에 많이 사용된다.

사용상황 혹은 사용목적에 의한 포지셔닝의 예로는 이온음료를 들 수 있는데 이온음료는 운동 후 빠른 갈증해소로 포지셔닝되어 있다. 제품사용자에 의한 포지셔닝은 특정한 개인이나 집단에 초점을 맞추어 포지셔닝하는 것을 의미한다.

사례

하얏트 호텔의 서비스 포지셔닝

홍콩의 유력 잡지인 비즈니스 트래블러스가 뽑은 서울 최고의 비즈니스 호텔과 영국 금융전문지인 인스티튜셔널 인베스터지의 올해의 베스트 호텔에 동시에 선정된 그랜드하얏트호텔의 관계자는 마케팅을 맡아온 지난 10년 동안 호텔의 분위기를 비즈니스 여행객들이 편안하게 느낄 수 있도록 하는데 가장 큰 주안점을 두었다고 강조했다. "호텔의 이미지는 1~2년 사이에 이루어지지 않습니다. 그래서 하얏트호텔은 개관과 함께 지속적으로 시설투자를 해왔습니다. 아울러 분위기와 서비스 등 눈에 보이지 않는 부분에 더욱 정성을 기울였습니다.

지난 80년대 아시안게임과 올림픽으로 서울에 많은 호텔들이 생길 때 하얏트는 앞으로의 구체적인 포지셔닝이 필요한 때라고 판단, 디럭스 비즈니스 호텔로 방향을 정하고 비즈니스 여행객들을 위한 호텔에 맞는 시설 투자와 서비스에 집중해 왔습니다." 이 같은 기본방향을 설정한 후 하얏트는 다른 비즈니스 호텔과 충돌을 피하면서도 비즈니스 여행객을 대상으로 하는 부문에서 공격적인 마케팅을 펼쳤다.

"세계 경기가 활발하면 호텔업도 호황을 누리고 경기가 침체되면 그만큼 여행객의 수가 주는 만큼 호텔업에 있어서도 막연하게 전체 고객을 대상으로 하는 마케팅보다는 좀 더 공격적이고 구체적인 전략이 필요합니다. 주 5일 근무제 실시의 확대로 인해 내국인들의 호텔 이용이 증가할 것인 만큼 내국인 고객을 위한 상품개발과 서비스에도 더욱 치중할 생각입니다."

자료 : 한국경제, 2002년 10월3일

3) 포지셔닝 전략 수립과정(한상만 외, 2004 : pp. 230~238)

(1) 경쟁적 강점파악

소비자들은 일반적으로 그들에게 가장 높은 가치를 가져다 줄 수 있는 제품이나 서비스를 선택하게 된다. 따라서 기업은 제품차별화와 서비스차별화 및 이미지차별화 등을 통해서 경쟁사에 대비하여 차별적인 우위를 누릴 수 있다. 또한 지속적인 자사제품고객으로 유지시키기 위해 소비자들의 욕구와 구매과정을 경쟁사들보다 잘 이해하고 있어야 한다.

(2) 적절한 경쟁우위의 선택

가능한 경쟁적 강점파악이 끝난 다음 기업은 그 다음 단계로 과연 어떠한 경쟁우위점을 선택할 것인지, 몇 개의 우위점을 가지고 차별적 포지셔닝을 시도할 것인지를 결정해야 한다. 다수의 마케팅관리자들은 표적시장에 오직 하나의 편익을 집중적으로 촉진시켜야 한다고 생각한다. 기업들이 하나의 편익을 사용하여 효과적으로 포지셔닝을 하기 위해서는 사용되는 편익은 소비자들이 그 제품을 구입할 때 매우 중요하게 고려하는 내용이어야 하며, 확실히 타 경쟁사 대비 우위점이 있어야 한다.

성공적 차별화를 위한 고려요소는 다음과 같다.

① 중요성 : 차별점은 표적시장의 소비자들에게 확실히 가치가 있는 편익을 제공해야 한다.

② 차별성 : 경쟁자들이 똑같은 차별점을 제공할 수 없거나 보다 확실히 차별된 방법으로 그 차별점을 제공할 수 있어야 한다.

③ 우수성 : 차별점은 소비자들이 같은 편익을 얻을 수 있는 다른 방법들보다 확실히 뛰어나야 한다.

④ 전달성 : 차별점은 소비자들에게 전달할 수 있어야 하고, 보여줄 수 있어야 한다.

⑤ 선점성 : 차별점은 경쟁자들이 쉽게 모방할 수 없어야 한다.

⑥ 가격적절성 : 차별점은 구매자들이 구입이 꺼릴 정도로 가격의 인상을 초래하지 않아야 한다.

⑦ 수익성 : 차별점은 기업에게 이익을 제공할 수 있어야 한다.

(3) 선택한 포지션의 전달

일단 포지셔닝에 사용할 차별점이 선택되고 나면 기업은 표적소비자들에게 바람직한 포지셔닝이 될 수 있도록 차별점을 전달해야 한다. 이때 모든 기업은 마케팅 믹스의 노력은 포지셔닝 전략을 뒷받침해야 하며, 포지셔닝을 위해서는 기업의 실질적인 행동이 요구되는데, 만약 기업이 좋은 제품의 질과 서비스로 포지셔닝을 시도한다면 우선 자사의 제품과 서비스의 질을 높여서 소비자들에게 전달해야 한다. 즉, 기업은 포지셔닝전략에 맞는 제품 · 가격 · 유통 · 촉진의 마케팅 믹스를 기획하여야 한다.

(4) 지각도

지각도(positioning map)란 여러 가지 평가할 수 있는 차원에 따라 제품이나 브랜드의 위치를 나타내는 것이다. 즉, 지각도는 제품의 심리적인 포지셔닝을 위한 하나의 강력한 도구로 사용되는 기법으로, 소비자가 제품 · 브랜드 등에 대한 신념과 선호도를 형성하는데 고려하는 여러 가지 제품속성을 2~3개의 차원으로 압축하여 차원들 사이의 제품지각공간을 형성한 다음, 제품들의 전반적인 유사성이나 선호도에 대한 소비자조사를 근거로 각 제품 브랜드 등을 기하학적인 거리로 환산하여 공간상에 표시하는 것이다.

Chapter 09

호텔관광 제품전략

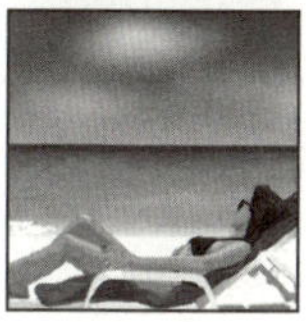

Chapter 09
호텔관광 제품전략

1 | 제품의 이해

1) 제품의 개념

제품(product)이란 소비자의 필요(needs)와 욕구(wants)를 충족시켜줄 수 있는 모든 것을 의미하는 것으로, 유형적인 제품, 부형적인 서비스, 사람, 관광지와 같은 장소 등을 모두 포함한다. 제품이 소비자의 욕구를 충족시켜줄 수 있는 것은 그 제품이 지니고 있는 속성(attribute) 때문인데, 이러한 제품의 속성들은 핵심제품(core product), 유형제품(tangible product), 확장제품(augmented product)의 세 가지 차원들로 구성된다.

2) 제품의 구성요소

소비자들은 자신의 욕구를 충족시키기 위하여 제품을 구입하게 되는데 실제로 소비자들이 원하는 것은 구매하는 제품으로부터 얻게 되는 혜택의 조합이라고 할 수 있다. 동일한 제품에 대해서도 소비자들마다 얻는 혜택이 다르기 때문에 마케팅 관리자들은 제품을 구성하는 요소들을 효과적으로 통합하여야 한다. 제품을 구성하는 요소들은 품질, 디자인, 상표, 포장으로 분류할 수 있다.

[표 9-1] 제품의 구성차원

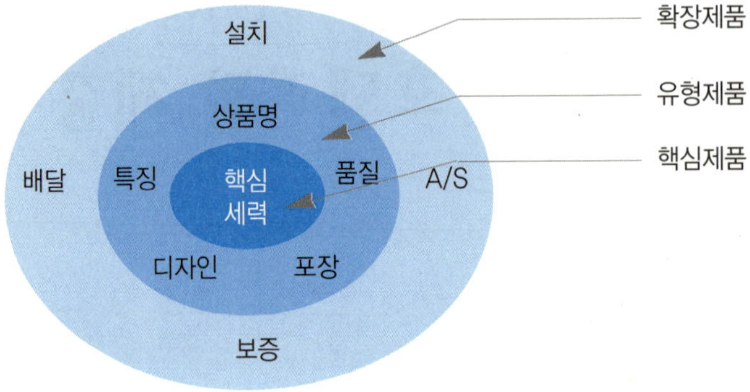

자료 : Philip Kotler and Gary Armstiong. Principles of Marketing. eighth ed. Prentice-Hall International, INC., 1999, p. 237

(1) 품질

품질이란 특정제품이 그 기능을 수행할 수 있는 능력을 말하는 것으로 품질의 측정에 사용되는 구성요소로는 다음과 같은 것들이 있다.

(David A. Garvin, "Competing on the Eight Dimensions of Quality", Harvard Business Review, November/December 1987, pp. 101-109)

가) 성능(performance) : 특정 제품 또는 서비스가 정해진 디자인 요건과 작동요건을 충족시키는 정도를 말한다. 예를 들어 오디오의 음질과 같이 고객이 그 제품으로부터 추구하는 주요 혜택에 의하여 측정된다.

나) 부속기능(features) : 2차적인 혜택을 제공하는 보조적인 기능들을 말한다. 예를 들어 900MHZ 무선전화기에는 상표에 따라 수화기를 들지 않고도 통화할 수 있는 "자동통화기능"이 있는가 하면, 수화기를 잘못 놓아도 1분이 지나면 통화기능 상태로 전화되는 "안심기능"도 있다.

다) 신뢰성(reliability) : 일반적으로 시초 고장까지의 평균시간, 고장 간의 평균 시간 및 단위기간 동안의 고장률 등으로 측정된다.

라) 내구성(durability) : 제품의 수명과 견고성을 말한다.

마) 서비스 용이성(serviceability) : 제공되는 서비스의 속도, 고객우대, 적합성 및 고장 시 수선 용이성 등을 말한다.

바) 심미성(aesthetics) : 주로 제품의 감각적 가치로 외관과 느낌 등을 포괄하는 것이다.

사) 명성(reputation) : 기업명 또는 상표명에 의한 인기도를 말한다.

아) 적합성(conformance) : 특정 제품 또는 서비스가 표준으로부터 벗어나는 빈도와 정도를 말한다.

기업의 입장에서 품질을 관리한다는 의미는 소비자들이 불편해하는 결함을 줄이는 것뿐만 아니라 소비자들의 품질에 대한 욕구와 선호를 더욱 잘 충족시켜줄 수 있는 제품을 제공함으로써 경쟁기업보다 경쟁우위를 확보하는 것을 말한다.

(2) 디자인

제품 디자인(design)은 자사의 제품을 차별화할 수 있는 하나의 수단이 될 수 있을 뿐만 아니라 탁월하고 우수한 디자인은 소비자에게 더 많은 구매의 유인을 제공할 수 있다. 제품 디자인에는 색, 크기, 형태, 재료, 무게 등이 포함되며 제품사용의 편리성과 유용성도 제고해야 한다. 최근, 디자인의 중요성은 더욱 부각되고 있으며 소비자의 편리성을 높은 디자인을 가진 제품의 성공확률은 더욱 높아진다고 할 수 있다.

(3) 상표

상표(brand)란 특정 판매업자의 제품이나 서비스를 다른 판매업자들로부터 식별하고 차별화시키기 위하여 사용되는 명칭, 말, 상징, 기호, 디자인, 로고와 이들의 결합체라고 정의할 수 있다. 또한, 상표의 개념으로는 상표명, 상표마크, 등록상표 등이 있다.

상표명(brand name)은 코카콜라, 폴로 등과 같이 상표 중에 말로 발음하고 나타낼 수 있는 문자, 단어, 숫자부분을 말하며, 상표마크(brand mark)는 폴로의 말과 같이 상표 중에 상징, 디자인, 독특한 색상이나, 문자와 같이 인식은 되지만 말로 표현할 수 없는 부분을 말한다. 등록상표(trade mark)는 그 상표의 독점적 사용이 법적으로 보장되어 보호받을 수 있는 상표를 의미한다.

사례

세계적인 호텔체인기업 스타우드

'더블유(W)', '쉐라톤(Sheraton)', '웨스틴(Westin)', '세인트 레지스(ST.Regis)' ….

Weekly BIZ 독자라면 한번씩 들러봤거나, 이름이 귀에 익숙할 호텔들이다. 그런데 이 호텔 브랜드들의 공통점은 무엇일까?

정답은 세계적 호텔 체인 기업인 스타우드(Starwood Hotel & Resorts Worldwide, Inc) 소속이라는 것이다. 스타우드는 위의 4개 브랜드를 비롯해 모두 9개의 브랜드의 호텔을 운영한다. 9개의 브랜드는 저마다 독특한 개성으로 소비자의 인식 속에 각인돼 있다.

미국에서 시작한 이 호텔 체인은 전 세계 약 100개국에 직영이나 위탁관리, 브랜드 임대 등 다양한 방식으로 모두 1000여 개의 호텔을 운영하고 있다. 한국에는 웨스틴 조선, 쉐라톤 워커힐, W 호텔이 있다.

스타우드의 프리츠 반 파센 (Frits van Paasschen) 회장 겸 CEO는 뉴욕 스타우드 본사에서 가진 Weekly BIZ와의 인터뷰에서 "우리의 장점은 브랜드마다 색다른 개성과 차별화된 체험을 제공한다는 것"이라고 강조했다. 호텔 사업에서 브랜드를 잘못 늘리면 상호 충돌이 일어나며 매출을 잠식할 수도 있지만, 스타우드는 차별화된 브랜드 전략으로 시장에 성공적으로 자리매김했다는 것이다.

"예를 들어 쉐라톤은 가족 단위로 찾아오는 손님들을 위해 출발한 브랜드입니다. 이런 손님들에게 맞게 서비스와 상품이 구성돼 있습니다. 반면 웨스틴은 비즈니스맨들을 위한 호텔이죠. 출장이 많은 비즈니스맨이 편하게 이용합니다. W는 어떤가요? 바로 젊은이들을 위한 브랜드입니다. 인테리어를 비롯해 모든 것이 뉴욕의 라이프스타일과 첨단 트렌드를 반영합니다. 이처럼 브랜드별로 어떻게 포지셔닝(Position-ing)할지, 그리고 타깃 고객과 어떻게 커뮤니케이션할지, 오랜 고민의 결과가 오늘의 스타우드입니다."

2007년 말 반 파센의 스타우드 회장 선임은 업계의 화제였다. 전(前) 회장이 갑자기 물러난 뒤 스타우드 이사회는 5개월 동안 60명의 후보자를 인터뷰했다. 그런데 숱한 호텔리어 출신들 대신 마케팅 전문가인 반 파센이 뽑혔다. 하버드비즈니스스쿨을 나온 그는 맥킨지와 보스턴 컨설팅그룹의 컨설턴트로 일했고, 이후 쿠어스(맥주회사), 나이키, 디즈니컨슈머프로덕츠 등 여러 소비재 회사에서 일했다. 스타우드는 그가 일했던 전 직장들과 여러 가지가 달랐다.

"나이키는 하나의 브랜드로 대부분의 매출을 올리죠. 이런 단일 브랜드는 마케팅과 프로모션에 집중 투자할 수 있다는 게 장점입니다. 반면 다양한 시장을 커버하는 데는 약점이 있습니다. 저는 우리 호텔산업에 대해서는 이렇게 생각합니다. 한 지역에 쉐라톤 브랜드의 호텔 3개가 있으면 시장 확대에 별 효과가 없을 겁니다. 하지만 한 지역에 웨스틴, 쉐라톤, 르 메르디앙, 이렇게 다양한 브랜드가 있으면 다르다고 봅니다. 저마다의 브랜드가 가진 매력을 좋아하는 여러 고객을 받아들일 수 있으니까요. 다양한 소비자들에게 차별화된 경험을 제공할 수 있다는 게 저희의 가장 큰 경쟁력입니다."

여행 · 숙박업은 경기에 가장 민감한 업종 중 하나다. 글로벌 금융위기 여파로 스타우드의 지난해 매출은 47억 달러(약 5조 6000억 원)에 그쳐 전년보다 18% 줄어들었다. 이익은 7300만 달러로 78% 급감했다.

반 파센 회장은 신흥시장 공략에서 돌파구를 찾으려 한다. 그는 "중국과 인도의 중산층 부상은 산업혁명에 비견할 만한 근본적인 변화"라고 말했다. 스타우드는 지난달 중국에 30번째 쉐라톤 호텔을 오픈했다. 스타우드 전체로는 60번째 중국 내 호텔이다. 쉐라톤은 올해 중국에 8개의 호텔을 오픈하고, 2015년까지 18개를 더 오픈할 예정이다.

반 파센 회장은 마라톤을 12차례 완주한 스포츠맨답게 다부진 체격에 밝은 인상을 갖고 있었다. 그는 매일 새벽 6시에 일어나 16km를 달린다. 네덜란드에서 태어나 미국 시애틀에서 자란 그는 이중국적을 갖고 있고, 5개 국어를 구사한다.

인터뷰는 뉴욕시 북서부에 위치한 스타우드 본사에서 진행됐다. '하얀 평원(White Plain)' 이라는 별명을 갖고 있는 흰색 본사 건물은 허드슨 강변 메인도로에서 조금 벗어난 숲 속에 자리잡고 있었다.

자료 : 조선일보, 2010년 9월 5일

(4) 포장

일반적인 포장의 기능에는 제품의 소비가 완료될 때까지 내용물을 보호하는 보호기능과 보관기능, 사용의 편리성을 높여주는 기능, 촉진기능, 그리고 제품폐기를 용이하게 해주는 기능 등이 있다. 이렇게 포장은 여러 가지 기능을 가지고 있지만 최근에는 포장이 마케팅 수단으로서 수행하는 기능이 보다 중시되고 있는 경향을 보이고 있다.

3) 제품의 분류

제품은 크게 소비재와 산업재로 구분되는데, 소비재는 소비자가 최종소비를 위해 구매하는 제품이며, 산업재는 다른 제품의 생산이나 사업을 위해 구매되는 제품을 의미한다. 소비재는 소비자의 쇼핑습관에 따란 편의품 · 선매품 · 전문품 · 미탐색품 등으로 분류할 수 있다. 편의품(convenience goods)은 소비자가 최소의 노력으로 자주 구매하는 제품을 의미하며, 다시 필수품(staple goods), 긴급품(emergency goods), 충동품(impulse goods)으로 분류할 수 있다.

선매품(shopping goods)이란 소비자가 가격 · 품질 · 디자인 등을 평가해서 탐색한 후 구매되는 제품을 말한다. 선매품은 편의품보다 구매빈도는 낮지만 가격이 높은 편이다.

전문품(specialty goods)은 소비자가 제품을 구매할 때 많은 탐색노력을 기울이는 제품을 말한다. 전문품은 일반적으로 상표인지도와 상표충성도가 높으며, 대표적인 전문품으로는 고가의 자동차와 시계들을 예로 들 수 있다.

미탐색품(unsought goods)이란 소비자들이 평소에 거의 제품탐색 의도를 보이지 않는 제품을 말한다.

4) 호텔관광상품의 분류

호텔관광상품은 호텔관광기업이 현재 및 잠재고객을 대상으로 제공하는 유형적 상품과 서비스, 아이디어, 정보 등을 포함하는 개념으로, 유형적 요소보다 무형적 요소가 더 많은 서비스 상품이라고 할 수 있다.

서비스는 핵심 서비스(core service)와 부가 서비스(supplementary service)로 구분하는데 핵심 서비스란 서비스상품의 판매에 있어 주된 요소가 되는 서비스를 말하며, 부가 서비스는 핵심 서비스를 판매하기 위하여 보조적인 역할을 하는 서비스를 말한다. 예를 들어 호텔에서 제공하는 핵심 서비스는 숙박 및 식음료 판매와 관련된 서비스이며, 부가 서비스란 종사원의 친절, 호텔 내외의 정보제공, 비즈니스와 관련된 편의제공 등이라 할 수 있다. 하지만, 관광기업의 핵심 서비스는 거의 비슷하기 때문에 핵심 서비스만으로는 경쟁기업과 차별화하기 어려운 것이 사실이다. 따라서 부가 서비스 측면의 차별화를 시도하는 것이 보다 유용하다고 할 수 있다(신혜숙, 2004: pp. 128-129).

관광상품은 숙박상품 · 식음료상품 · 교통상품 · 관광편의품 · 쇼핑상품 · 관광명소상품 · 관광활동상품 · 관광이벤트상품 등으로 분류할 수 있다(이정학, 2003 : pp. 133-135).

① 숙박상품 : 관광호텔 · 수상관광호텔 · 가족호텔 · 한국전통호텔 · 콘도미니엄 · 모텔 · 여관 · 유스호스텔 · 방갈로 · 펜션 등의 객실 상품을 말한다.

② 식음료상품 : 호텔 레스토랑 및 주장 · 관광식당 · 일반음식점 · 유흥음식점 · 간이음식점 등에서 제공하는 음식과 음료 등의 상품을 말한다.

③ 교통상품 : 항공기 · 선박 · 유람선 · 버스 · 기차 등의 객석 및 렌터카 등의 상품을 말한다.

④ 관광편의품 : 관광활동에 필요한 물품, 즉 모자 · 의복 · 선글라스 등의 상품을 말한다.

⑤ 쇼핑상품 : 기념품 · 토산품 · 특산품 등의 상품을 말한다.

⑥ 관광명소상품 : 박물관, 전시관, 기념관, 문화유적지, 명승지, 휴양지, 민속촌, 주제공원, 생태관광지, 재래시장, 건축물, 자연 그 자체 및 형상물 등을 이용한 상품을 말한다.

⑦ 관광활동상품 : 온천, 스포츠활동, 전통체험(김치, 도자기 등), 카지노 등의 체험상품을 말한다.

⑧ 관광이벤트상품 : 축제 · 공연 · 스포츠경기 · 박람회 등의 이벤트적 상품을 말한다.

⑨ 기타 : 기후 · 친절성 · 이미지 · 민족성 · 신기성 등을 관광상품화한 것을 말한다.

2 | 제품수명주기

1) 제품수명주기의 개념

제품수명주기(product life cycle)란 새로운 제품이 개발되어 시장에 출시된 이후 성장하다가 일정 기간을 경과한 후에 쇠퇴되어 시장에서 사라지기까지의 과정을 의미한다. 다시 말하면 특정제품이 개발되어 시장에서 출시된 이후 시간이 경과함에 따라 매출액과 이익이 변화해가는 과정을 나타낸 것이다.

2) 제품수명주기의 단계별 특성 및 전략

제품수명주기는 도입기 · 성장기 · 성숙기 · 쇠퇴기로 나누어볼 수 있는데, 단계별 특성은 다음과 같다.

① 도입기(introduction stage)는 특정제품이 처음으로 시장에 출시되어 소비자가 구매하게 되는 단계로 기업은 시장개척자로서 계획된 제품 포지셔닝 전략에 따라 마케팅 믹스 전략 등을 실행한다.

② 성장기(growth stage)에는 매출액이 증대되어 이익이 증가하지만 높은 시장점유율을 유지하기 위해 촉진 및 유통에 많은 자금이 투입되는 시기이기도 하다.

③ 성숙기(maturity stage)에 들어서면 매출액이 감소하기 때문에 기업은 시장과 제품 및 마케팅 믹스 등에 변화를 주어 확보한 시장을 방어하게 된다.

④ 쇠퇴기(decline stage)에는 기술혁신 · 경쟁심화 등으로 매출액이 감소한다.

제품수명주기의 단계별 특징 및 전략은 〈표 9-1〉과 같다.

3) 호텔관광지의 수명주기

Burtler는 1980년 상품수명주기와 유사한 호텔관광지 수명주기를 제시하였는데, 상품수명주기에서의 상품판매량은 관광자수로, 시장의 진화과정은 관광지의 물리적 시설이나 행정조직과 같은 관광지의 개발과정으로 대치된 것이다. 이러한 관광지의 수명주기는 관광지의 질과 양이라는 시장진화와도 관련시켜 설명할 수 있는데, 관광지의 수명주기는 탐색기 · 몰입기 · 강화기 · 정체기 · 쇠퇴기로 구분할 수 있다(신혜숙, 2004 : pp. 141~144).

단계별 특징을 살펴보면 다음과 같다.

① 탐색기 : 호텔관광수명주기의 첫 번째 단계인 탐색기는 단체관광을 싫어하는 소수의 모험적 관광자들이 지역을 방문하고, 접근방법과 편의시절의 부족으로 관광자 수가 제한되는 시기이다.

[표 9-1] 제품수명주기의 단계별 특징 · 목표 · 전략

내용	도입기	성장기	성숙기	쇠퇴기
판매량	적음	증가율이 매우 높음	최대	급격히 감소
비 용	높음	계속 낮아짐	낮음	낮음
이 익	낮음	계속 높아짐	최대	계속 낮아짐
경 쟁	거의 없음	계속 증가	최대수준에서 안정됨	감소
마케팅목표	제품인지 및 구매 유도	시장점유율 극대화	이익극대화	비용 절감 및 브랜드 축소
제품전략	기본제품 제공	제품계열, 서비스 확대	브랜드 다양화	비인기 브랜드 제거
가격전략	원가에 근거	시장침투가격	경쟁사와의 조화 및 할인	가격인하
광고전략	제품소개 및 인지	대중시장에 대한 제품인지 제고	브랜드 차별화 및 혜택 강조	고충성도 브랜드 외 광고비 인하
판매촉진 전략	구매유도를 위한 적극적 예산투입	수요확대를 고려한 예산인하	브랜드 다양화에 조화된 적극적 예산투입	최소의 예산
유통전략	선별적 유통채널	유통채널의 확대	유통채널의 최대화	유통채널의 최소화

자료 : 정규엽, 2004 : p. 384.

② 몰입기 : 몰입기는 관광자를 위한 시설이 일부 개발되고 광고도 함에 따라 관광자 수가 증가하는 시기로, 성수기와 주요관광자 밀집지역이 형성되며, 공공부문은 기반시설을 제공해야 할 책임을 느끼게 되는 시기이다.

③ 개발기 : 개발기는 관광자가 대량으로 유입되며, 관광지에 대한 통제가 지역주민의 손을 벗어나고, 외부기업이 현대적 시설을 개발하기 시작하면서 관광조직이 변화하는 시기이다.

④ 강화기 : 강화기는 관광자 수가 증가하나 증가율이 저하되기 시작하는 시기이다. 관광지는 완전히 성숙한 관광사업의 일부로 존재한다.

⑤ 정체기 : 정체기에 오면 관광자 수가 최고치에 도달하고, 이제 지역은 더 이상 인기가 없어진다. 보수적 여행자들 중 반복방문객이 주요관광자이다.

⑥ 쇠퇴기 : 주말이나 당일 여행객 같은 지리적으로 근접한 소수의 관광자만이 이 지역을 방문한다.

3 | 신제품개발

기업이 신제품을 얻을 수 있는 방법은 크게 두 가지로 나누어볼 수 있는데 첫 번째는 신제품을 보유하고 있거나 신제품 개발에 적극적인 기업을 인수 · 합병하는 방법이고 두 번째는 기업 내부적으로 연구개발 부서에 의한 신제품개발이다.

1) 신제품개발의 의의

다양한 소비자들의 욕구를 충족시키기 위하여 기업들은 제품차별화(product differentiation) 전략으로 신제품을 개발한다. 또한 상황에 따라서는 기존제품을 계획적으로 진부화시키기 위해서 신제품을 개발하기도 한다. 신제품은 시초제품 · 혁신제품 · 수정제품 · 신상표 등의 유형이 있는데, 시초제품은 핵심기능을 최초로 제공하는 제품을 의미하며, 혁신제품은 핵심기능이 혁신적으로 변화된 제품을 의미한다. 수정제품은 핵심기능이나 부수적 기능이 수정된 제품이며, 신상표는 똑같은 기능의 제품을 상표와 포장만 바꾼 제품이다. 신제품이 시장에서 성공하기란 매우 어렵기 때문에 기업의 입장에서 신제품개발전략은 매우 위험도가 큰 전략이다.

2) 신제품의 성공요인

(1) 소비자 관련 요인

신제품이 시장에서 성공하기 위해서는 가장 먼저 소비자의 필요에 적합해야 하는데, 그러기 위해서는 표적고객의 선택이 정확해야 한다. 또한, 제품의 테스팅, 출시 및 수명주기의 관리에 있어서도 고객의 필요를 해결하기 위한 제품의 편익이 소비자에게 적절하게 제공되고 있는지를 주기적으로 점검하는 것이 필요하다. 또 다른 소비자 관련 요인으로는 소비자에게 가격에 비하여 높은 효용을 줄 수 있는 제품이어야 한다.

(2) 기술 관련 요인

신제품의 성공 요인 중 기술관련 요인이란 자사의 신제품이 경쟁사에 비해 독점적 기술우위를 가지고 있는 것도 중요하지만 그보다도 소비자들이 원하는 편익을 제공할 수 있는 능력을 의미한다고 할 수 있다. 물론, 다른 경쟁기업과 비교하여 독점적 기술우위를 보유하게 되면 그 신제품은 시장에서 성공할 확률이 더 높겠지만 소비자들이 원하는 편익이 무엇인지 파악을 하지 못하게 되면 그 성공확률은 낮아지게 된다.

(3) 시장환경 관련 요인

일반적으로 신제품 중 성장잠재력이 큰 제품은 시장에서 성공할 확률이 높다고 할 수 있다. 성장잠재력이 큰 제품은 제품수명주기상 성장기에 있는 제품을 말하며, 신제품의 진부화 속도, 전체 잠재시장의 크기 등을 모두 고려하여 성장 잠재력을 판단하여야 한다.

(4) 기업 내부 요인

Robert(1990)에 의하면 신제품들 중에서 독특한 기술을 가지고 기존 제품과의 관련성이 높은 시장에 진입했을 때는 67%의 성공률을 보였으며, 독특한 기술은 있으나 관련성이 낮은 시장에 진출한 경우에는 25%, 독특하지 않은 기술을 이용하여 관련성 없는 시장에 진입한 경우에는 극히 낮은 성공확률을 보였으며, 독특하지 않은 기술로 관련성이 높은 시장에 진입한 경우 25%의 성공률을 보였다. 따라서, 독특한 기술처럼 강점을 가지고 있으며 기존 제품과의 관련성이 높은 시장에 진출한 경우가 가장 성공 가능성이 크다고 할 수 있다.

그 외에도 신제품을 성공시키기 위한 기업 내부적 조건들 중에서 중요한 것들로는 최고경영자의 지원, 신제품개발과 관련된 기능부서들 사이의 원활한 의사소통, 신제품을 성공시키려는 강력한 의지를 가진 임직원, 효과적인 신제품개발 조직 등을 들 수 있다(박흥수외, 2004: p. 14).

(5) 신제품 개발기간 및 출시의 타이밍

많은 제품들이 제품수명주기가 빨라지면서 진부화 속도가 빨라지고 있는데 좋은 아이디어라고 하더라도 제품출시의 적기를 놓치면 시장에서 성공하기 어렵다. 특히, 하이테크 제품일수록 출시의 타이밍이 더욱 중요하다고 할 수 있다. 한편, 아직 성숙되지 않은 시장에 신제품을 출시하여 실패하는 사례도 많이 있는데 예를 들어 1970년대에 McDonald' s가 우리나라에 진출을 시도하였으나 실패한 사례가 좋은 예가 될 수 있다.

3) 신제품의 실패원인

해마다 많은 신제품들이 시장에 출시되지만 그 중 많은 수가 실패하고 만다. 성공한 제품과 실패한 제품을 구별하는 기준은 다양하지만 일반적으로 신제품이 시장에서 실패하는 이유는 다음과 같다.

(1) 소비자 관련 요인

신제품이 실패하는 여러 요인 중에서 가장 일반적인 요인은 신제품이 기존제품과의 차별화된 독특한 편익을 소비자들에게 제공하지 못하는 경우이다. 모방전략(me-too strategy)에 의해 출시된 신제품이 시장의 기존제품을 따라 잡는 것은 아주 힘든 일이다. 또한, 독특한 편익은 있으나 소비자들의 기호가 바뀌어 더 이상 그 편익을 높이 사주지 않게 되는 경우도 볼 수 있다. 따라서 신제품이 시장에서 실패할 확률을 줄이기 위해서 가장 필요한 노력은 기존 제품과는 차별화되면서도 소비자들이 원하는 독특한 편익을 찾아내어 이를 제공할 수 있도록 제품을 설계하는 일이다.

(2) 마케팅 전략 관련 요인

신제품의 성공은 정확한 표적시장의 선정과 그에 적합한 포지셔닝을 필요로 한다. 물리적으로는 훌륭한 제품을 만들어 놓고서도 마케팅 전략상의 실수로 인해 신제품이 실패하는 경우도 자주 볼 수 있다. 신제품의 실패 확률을 줄이기 위해서는 시장세분화가 올바르게 되어 있는가 하는 점과 표적고객들에게 파고 들 수 있는 포지셔닝이 이루어져 있는가를 면밀히 검토해야 한다.

(3) 마케팅과 유통자원의 부족

신제품이 성공하기 위해 필요한 광고, 판촉, 유통상의 지원이 불충분해서 실패하는 신제품들을 볼 수 있는데, 특히 사내 영업조직이나 유통경로 구성원들을 설득하는데 실패하여 신제품을 취급하는 것을 회피할 경우 신제품이 시장에서 성공을 거두기가 어렵게 된다.

(4) 사내조직 관련 요인

신제품의 성공을 위해서는 전사적인 품질에 대한 인식과 고객지향적인 기업문화가 필요할 뿐만 아니라 기업 내의 마케팅부문, 연구개발부문, 생산부문, 영업부문 구성원들의 노력과 협조가 필요하다. 기업 내부적으로 위에서 언급된 부서의 협조가 부족하면 신제품은 시장에서 성공확률이 낮아지게 된다.

(5) 기타 요인

위에서 언급된 요인들 이외에도 기술개발과 관련된 요인, 신제품 출시의 타이밍, 수요예측의 실패, 경쟁기업에 대한 정보 부재 기업을 둘러싸고 있는 외부환경 등에 의해 신제품이 시장에서 실패할 수 있다.

신제품개발의 주요한 성공요인과 실패요인들을 살펴보면 다음과 같다.

[표 9-1] 신제품개발의 주요한 성공요인과 실패요인

성공요인	실패요인
소비자 욕구충족제품	차별화된 효익제공 실패
제품의 기술적 우월성	표적시장 선정 실패
큰 성장잠재력	잘못된 포지셔닝
자사의 강점과 조화된 제품	광고, 판촉, 유통자원 부족
적은 경쟁 정도	기술개발의 진부화
효과적인 제품개발 조직	출시시기의 실패
최고경영자의 지원	신제품개발 부서 간의 불충분한 의사소통
신제품개발 부서 간의 원활한 의사소통	수요예측 실패

자료 : 사단법인 한국마케팅 연구원, 2002 : p. 77.

4) 신제품의 분류

신제품 개발은 크게 세 가지 형태의 기본적인 아이디어로부터 시작된다. 첫 번째 경우는 모방적(me-too) 개발로 실질적으로 유사한 제품 혹은 혜택을 근거로 개발을 하게 된다. 두 번째 경우는 경쟁 우위적(competitive advantage)개발로써 제품 특성(feature)을 중심으로 한 제품 개선, 제품차별화에 그 근거를 두게 된다. 세 번째 경우는 신 벤처적(new venture) 개발로써 혁신적 기능, 특성, 혜택에 근거한 개발을 의미한다. 진정한 의미의 신제품이란 혁신(innovation)을 통한 '전혀 새로운' 제품을 의미한다. 그러나 지구상 신제품의 대다수는 모방적 신제품으로서, 그 사이에는 다음과 같은 여러 개념의 신제품 형태가 존재한다.

(1) 모방적(imitative) 신제품

기존 제품의 디자인 혹은 특성(feature)에 대한 복제를 기본으로 하고 있는 신제품을 말한다. 이러한 제품을 시장에 신규 진출시키는 기업들은 기존 디자인과 특성에 대한 약간의 수정을 도모하거나, 거의 동일한 제품에 대해 낮은 가격을 신제품 개발의 근간으로 하고 있다.

(2) 적응적 혁신(adaptive innovation)에 의한 신제품

제품의 독특한 특성을 중심으로 제품 개선이 실질적으로 이루어진 신제품이나, 기술적으로 평가한다면 신규 혜택이 부가되지 않은 경우에 해당된다. Apple과 Windows의 interface로 인해 컴퓨터의 작동이 보다 쉽고 효율적으로 개선되었으나, 컴퓨터로부터 얻을 수 있는 새로운 혜택이 부가되지 않은 경우가 좋은 예라고 할 수 있다.

(3) 선구적 혁신(pioneering innovation)에 의한 신제품

제품의 형태 혹은 기능이 창조됨에 따라 신규 혜택이 부가된 경우의 신제품을 의미한다. Proctor & Gamble의 충치 예방 기능을 갖춘 Crest치약과 1회용 기저귀가 과거 선구적 혁신 제품에 해당될 수 있으며, 호텔산업에서 탄생되었던 conference 호텔, all-suite 호텔, B & B(bed and breakfast) 등이 좋은 예가 되고 있다.

(4) 완전한 혁신(breakthrough innovation)에 의한 신제품

완전한 혁신이란 '전혀 새로운', 진정한 의미의 혁신을 의미하며(eureka), 이전에 존재하지 않았던 기술적, 기능적 쿠데타에 의한 신제품이 여기에 해당된다. 환대산업에서의 근접한 사례는 Taco Bell의 K-minus 프로젝트에 의한 주방의 소멸이다(정규엽, 2004 : pp. 391-392).

5) 신제품 개발과정

신제품 개발과정은 아이디어 창출(idea generation), 아이디어 채택(idea screening), 사업 분석(business analysis), 제품 개념 개발(product concept development), 제품 개념 테스트(product concept test), 제품 테스트(product test), 마케팅 믹스 계획(marketing mix planning), 시험 마케팅(test marketing), 상업화(commercialization)의 단계를 거친다.

아이디어는 기업 내부자료는 물론 경쟁사 · 고객 등 다양한 경로를 통해서 창출될 수 있으며, 창출된 아이디어 중 기업이 목표로 하는 매출액과 시장점유율 및 기업의 이용가능한 자원 등을 고려하여 채택하게 된다. 그 다음 단계가 사업성 분석인데, 사업성 분석이란 채택한 아이디어가 상품화되었을 때, 비용 및 이익을 예측하는 것을 의미한다. 그 다음 제품 콘셉트를 개발하고 콘셉트에 대한 테스트를 실시한다. 그 다음 제품개발단계에서 제품출시에 문제가 없다고 판단되는 제품에 대해서 시험적으로 판매해 보는 시험 마케팅을 실시한다. 시험 마케팅을 통해서 기업들은 경쟁사의 제품과 비교해 매출액과 표적시장 및 고개들의 반응 등을 파악하게

사례

신제품개발과정 사례 Courtyard by Marriott

현재 미국 중간 가격대 호텔 시장을 석권하고 있는 Courtyard by Marriott의 사례를 통해 신제품개발 전략의 단계와 내용을 고찰해보기로 한다.

1) 아이디어의 창출(idea generation)

신제품 개발 전략의 첫 단계는 아이디어의 창출로부터 시작된다. 3M의 지침인 'Don't kill any idea'와 같이 브레인 스토밍(brainstorming) 등을 거쳐 가능한 모든 아이디어를 동원하고 수집하여야 한다. 고 가격대 호텔만을 소유하고 있던 Marriott Corporation에서는 총지배인과 부서장들이 참석한 가운데 매주 칵테일 리셉션에 여러 형태의 고객들을 초대하여, 중간 가격대 호텔에 대한 욕구와 필요, 문제점을 파악하였다.

2) 아이디어 채택(idea screening)

신제품 개발의 2단계로서 발굴된 수많은 아이디어 중 필요한 아이디어를 채택하여야 한다. Marriott에서는 호텔 내 실무자, 전문가, 고객과의 피드백을 통해 중간 가격대 호텔에 적합한 아이디어를 선별하였다.

3) 사업분석(business analysis)

Marriott에서는 중간 가격대 호텔 시장의 사업성을 분석한 결과, 고 가격대 호텔시장 및 염가 호텔시장과 비교 시 충분한 시장성을 발견하였으며, 또한 뚜렷한 시장 선도자가 없음을 파악하였다.

4) 제품개념 개발(product concept development)

제품개념 개발이란 채택된 아이디어가 소비자에게 의미있는 개념으로 전달되도록 전환시키는(version) 단계를 말한다. 즉, 아이디어를 세부적인 제품 개념으로 연결시키는 과업으로서, 소비자에게 제품에 대한 전체적 그림(product image)을 제시하는 것이다. Marriott은 경쟁이 포화상태에 있는 도심보다는 도시 인근의 외곽 지역에 시장성이 충분함을 발견하고 최종적 상호를 Courtyard로 정했다. Courtyard는 가정집 안 뜰의 의미로서 아파트가 주가되고 있는 도심보다는 도시 외곽 지역의 이미지를 강력히 전달할 수 있었던 것이다.

Marriott은 보다 구체적으로 150실 미만, 가정집과 같은(home-like setting) 시설과 이미지, 제한된 메뉴의 레스토랑 시설, 약간의 회의 시설, 기존 Marriott의 타 브랜드와 수요가 중복되지 않는 가격대, 단기(transient) 체류객을 표적시장으로 하는 제품 개념을 개발하였다.

구체적 표적시장은 비즈니스 FIT(1년에 6회 이상 여행을 하며 중저가 호텔에 투숙)과 여가관광객(1년에 2회 이상 여행을 하며 중저가 호텔에 투숙)으로 확정하였다.

5) 제품 개념 테스트(product concept testing)

Marriott은 제품 개념에 대한 검증을 위해 3년 동안의 광범위한 연구를 수행하였다. 연구 대상은 외부환경, 객실, 음식 관련 서비스, 라운지 시설, 서비스, 여가시설, 안전 요소 등 7개의 속성이었다. 예를 들어 객실의 경우 여러 형태의 객실 견본을 통해 잠재 고객에게 순위를 부여하게 하였으며, 또한 고객 설문조사를 수행하여 비즈니스 여행객은 중간 가격대와 좋은 품질의 객실을, 순수 관광 목적 여행객은 안전하고 편안한 객실을 선호한다는 사실을 밝혀내고 제품 개념을 검증, 확정하였다. Courtyard는 또한 구불구불한 산책로를 지닌 경관 좋은 정원과 수영장을 갖추고 비용 절감을 위해 작은 로비와 라운지, 한 개의 레스토랑, 소수의 작은 회의실, 도어맨, 벨맨, 룸서비스의 제거 등의 확정 등 제품 개념 테스트를 완성시켰다.

6) 제품 테스트(product test)

제품 테스트란 제품 개념 혹은 제품 아이디어를 유용한 제품(workable product)으로 전환시키는 단계이다. Marriott은 제품 개념 테스트의 결과, 1차적으로 객실의 기초모형(prototype)을 설정하였다. 제품 테스트를 위하여 표준객실, 짧은 형체의 객실, 긴 형체의 객실로 잠재 고객들의 평가를 받았으며, 모두 선호는 받았으나 긴 형체의 객실은 건축비가 많이 들어 최종 객실 제품에서는 제외되었다.

7) 마케팅 믹스 계획(marketing mix planning)

Marriott은 첫 해를 대비한 마케팅 예산 책정을 필두로 기타 마케팅 전략 계획을 수행하였다.

8) 시험마케팅(test marketing)

Marriott은 1983년 Atlanta에 최초의 Courtyard 호텔을 시장에 공식적으로 진출시켰다. 시험 마케팅 결과, 객실 규모를 좀 더 줄이는 것과, 옷장의 문을 개폐식이 아닌 미닫이로 하는 것이 더욱 효과적임을 파악하고 최종 객실 시설을 확정하였다.

9) 상업화(commercialization)

Marriott은 첫 해에만 수천만불의 광고와 판매촉진을 통하여 호텔을 시장에 대거 진출시켰다. 이는 McDonald' s 가 McDLT 상품 도입시 1주에 5백만불 이상의 광고비를 투입한 이래 기록될만한 촉진 예산으로 평가되고 있다. 1983년 최초의 호텔 진출 이후, 1986년 1월에 벌써 300개 지역에 개관, 건축, 계약 체결이 될 만큼 시장에서 큰 호응을 얻었던 Courtyard by Marriott은 2인용 조찬 프로그램의 최초 실시 등 철저한 고객조사에 근거한 현재 세계 최고의 가치를 지닌 호텔로 인정받고 있다.

자료 : 정규엽, 호텔.관광마케팅, 2004 pp393-396.

된다.

6) 신제품 확산과정(김종의 외, 2003 : pp. 190-193 재작성)

신제품이 시장에 출시되면 제품출시 후 일정 기간이 흐른 다음 구매가 이루어지게 되는데, 이와 같이 특정제품이 전체목표시장에 퍼져 나가는 것을 신제품 확산과정이라고 한다.

신제품 확산은 신제품의 이점 등 신제품 자체, 구전이나 대중매체를 통한 정보원천, 의사전달을 촉진시키는 여러 상황요인들에 의해서 영향받는다.

Berkpwitz, Kerin, Rudelius의 연구를 기초로 해서 신제품 채택시기를 중심으로 표적시장 소비자들을 분류하면, 혁신자(innovators), 조기수용자(early adopters), 조기다수자(early majority), 후기다수자(late majority), 최종수용자(laggard)로 분류할 수 있다. 혁신자에 속한 소비자들은 모험적이며 정보를 폭넓게 이용하는 사람들이고, 가격에 민감하게 대응하지 않기 때문에 기업들은 초기 고가격전략(skimming strategy)을 많이 활용한다. 조기수용자에 속한 소비자들은 소속집단의 지도자로서 교육수준이 높은 편이며, 특정제품에 대한 의견선도자(opinion leader)로서 소속집단에 영향을 미친다. 조기다수자들은 심사숙고형으로서 많은 비공식적인 사회생활을 하고 있는 사람들이며, 후기다수자들은 목표시장의 50% 이상이 신제품을 구입한 이후 비로소 구입하는 집단이다. 최종수용자에 포함된 소비자들은 변화를 싫어하고 부채를 두려워하는 사람들로서 혁신자가 또 다른 신제

4 | 제품전략

품을 수용하기 시작할 때 비로소 신제품을 구입하는 사람들이다.

1) 제품믹스전략

(1) 제품믹스의 개념

특정기업이 판매하는 모든 제품라인(product line) 및 품목을 제품믹스(product mix)라고 하며, 제품믹스는 넓이(width), 깊이(depth), 길이(length)의 세 가지 중요한 차원으로 구성된다. 제품믹스의 넓이란 기업이 가지고 있는 전체의 제품라인의 수를 말하며, 제품믹스의 길이란 제품믹스 내에 있는 전체 제품의 수를 말하고, 제품믹스의 깊이란 특정 제품라인 내에 있는 한 제품이 창출해내는 품목의 수를 의미한다.

제품라인(product line)은 특정 기업이 보유한 제품믹스 중 물리적 특징이나 사용상의 용도, 유통경로가 비슷해 동일한 마케팅 전략을 적용시킬 수 있는 제품의 집합을 말한다.

(2) 확대전략

확대전략은 제품라인의 길이를 확대하는 전략과 기존 제품라인에 새로운 제품라인을 추가시키는 전략이 있다. 제품라인을 확대하는 전략은 크게 하향 확대전략, 상향 확대전략, 양면 확대전략 등 세 가지로 나누어볼 수 있다.

먼저, 하향 확대전략(downward stretch)은 고급품을 취급하던 기업이 품질과 가격면에서 다소 떨어지는 제품으로 확대해 나가는 전략을 말한다. 두 번째로 상향 확대전략(upward stretch)은 저품질 · 저가격 제품을 생산해오던 기업이 고품질 · 고가격의 제품을 추가시키는 전략을 의미한다. 상향 확대전략은 높은 마진과 기업의 포지셔닝 등의 이점을 추구할 수 있지만 시장에서의 경쟁이 치열해지고, 소비자들의 신뢰도를 얻기가 쉽지 않은 어려움에 직면할 수 있다. 마지막으로 양면 확대전략은 중품질 · 중가격을 취급한 기업이 고품질, 고가격 제품과 저품질 · 저가격 제품을 모두 생산해내는 전략을 말한다.

(3) 축소전략

제품라인의 축소는 기업의 생산능력이 부족할 때와 제품라인의 확대전략이 실패하여 보다 합리적인 경영이 이루어져야 할 경우에 사용하는 전략이다. 또한, 특정 제품라인의 매출이 부진한 경우, 특정 제품라인의 시장이 축소된 경우 등에도 사용되는 전략이다.

2) 제품전략

제품전략은 기업의 투자목적과 밀접한 관계가 있는데, 수익성의 관점에서 볼 때 원가절감전략과 제품개선전략으로 나누어볼 수 있다.

(1) 원가절감전략

기업은 제품 믹스 내에서의 다양성 축소와 가치분석 등을 통한 원가절감으로 수익을 창출할 수가 있다. 기업의 제품이 크기, 색상, 형태 등 제품의 다양화가 클 경우 생산비용과 마케팅비용이 커지게 된다. 기업은 이러한 다양성 축소를 통해서 원가를 절감할 수 있다. 가치분석이란 특정제품의 기능, 원료, 제조공정, 원가분석 등을 통해서 제품원가를 절감시키는 방법을 말한다.

(2) 제품개선전략

기업이 제품을 개선시키는 방법은 많이 있지만 제품의 특징, 품질, 스타일을 통해서 제품을 개선시킬 수 있다. 먼저 특징(features)은 기초제품에 대한 물리적, 기능적 특성과 구성요인으로 소비자선호를 유발시킬 뿐만 아니라 기업에 적극적인 이미지를 부여하는 탄력적이고 차별적인 경쟁도구로 이용할 수 있다. 품질적인 측면에서는 기업이 주장하는 최고의 품질보다는 소비자가 지각하는 품질이 더 중요하다고 할 수 있다. 또한, 기업은 제품 스타일을 변경하여 제품의 기능을 향상시키기도 하지만, 기존제품의 스타일을 의도적으로 변경하여 새로운 구매를 유도할 수 있다.

(3) 상표전략

상표를 사용한 전략은 개별상표전략, 공동상표전략, 혼합상표전략, 상표확장전략 등으로 나눌 수 있다.

첫째, 개별상표전략은 현대자동차의 에쿠우스, 소나타, 아반테 등과 같이 각각의 품목에 상표를 붙이는 전략을 말한다. 개별상표전략은 각 상표품을 통해 소매점이 넓은 진열공간을 확보할 수 있이 경쟁제품의 진입을 제한시킬 수 있으며, 특정 상표가 시장에서 소비자들의 호응을 얻지 못하더라도 다른 상표품에 파급효과가 거의 없다는 장점이 있지만, 품목마다 마케팅활동을 해야 하기 때문에 마케팅 비용이 많이 드는 단점도 있다.

둘째, 공동상표 전략은 특정제조업자가 생산하는 모든 제품들에 대하여 같은 상표를 부착하는 전략을 말하는데 마케팅 비용은 개별상표전략에 비해 적게 들지만 부정적인 효과가 상표 전체에 영향을 미칠 수 있는 위험성이 높은 단점이 있다.

셋째, 혼합상표전략은 개별상표전략과 공동상표전략을 동시에 사용하는 전략으로 혼합상표전략이 성공하면 양쪽의 장점만 사용할 수 있지만, 소비자의 입장에서 개별상표와 공동상표를 모두 기억하기가 쉽지 않다는 단점이 있다.

마지막으로 상표확장전략이란 기업이 신제품에 대해서 기존의 성공한 상표를 사용하는 전략을 말하는 것인데, 상표확장전략을 통해서 신제품에 기존의 성공한 상표명을 적용함으로써 시장진입을 용이하게 할 수 있고, 광고 및 판촉 등 마케팅 비용을 줄이고 상표 이미지를 강화시킬 수 있다. 그러나 신제품이 실패하는 경우, 기존제품에도 부정적인 영향을 미치게 될 수 있다. 또한, 지나친 상표확장전략은 기존 제품이 이미 소비자에게 심어 놓은 그 제품만의 독특한 포지션에 영향을 줄 우려도 있다.

Chapter 10

호텔관광 가격전략

Chapter 10
호텔관광 가격전략

1 | 가격전략의 이해

1) 가격의 개념

일반적으로 가격이란 제품을 구입하고 그 대가로 지불하는 화폐가치를 의미하는데, 소비자의 입장에서 보면 가격은 소비자가 재화나 서비스를 획득 또는 사용을 통해서 얻게 되는 가치에 대해서 지급하는 대가라고 할 수 있다. 그러므로, 가격은 제품의 교환가치로 볼 수 있으며, 좀 더 구체적으로 말하면 구매자들이 특정 제품을 구매함으로써 얻게 되는 효용에 부여된 가치라고 할 수 있다.

가격은 일반적인 제품가격 외에 여러 가지 다른 형태나 명칭으로 나타날 수 있는데, 일정 기간 건물의 사용에 따른 임대료, 학교에서의 등록금, 직장인의 월급, 은행의 대출이자 등은 모두 가격의 의미를 담고 있다고 할 수 있다.

2) 가격의 중요성

가격은 소비자의 입장에서 제품을 선택할 때 가장 중요한 결정요인 중 하나로 작용하기 때문에 마케팅관리자들 입장에서는 가격을 결정하는 것이 가장 중요한 문제 중 하나가 된다. 기업이 마케팅 믹스로 사용하는 도구들 중 가격은 경쟁에 가장 민감한 특성을 가지고 있기 때문에 기업의 입장에서 즉각적인 효과가 발생한다. 그렇기 때문에 가격은 가장 강력한 경쟁도구로의 사용이 가능하지만 경쟁기업의 즉각적인 모방이 가능하다는 단점을 가지고 있다.

만약, 자사가 경쟁우위 확보를 위해 가격을 인하하였는데, 경쟁사가 모방을 하게 되면 기업은 가격인하를 통해 기대했던 목표 달성을 이루기 어렵고 수익성의 감소만 가져오게 된다.

특히, 서비스기업들의 경우는 수요가 피크일 때 수요를 감소시키기 위해 가격을 올리기도 하며, 수요가 적을 때는 가격을 아주 낮게 책정하기도 하는데 영화관의 조조할인, 항공사의 비수기 할인 등이 그 예이다. 이처럼 가격(price)은 서비스 마케팅의 7P믹스 중에서 다른 믹스와는 달리 쉽게 변화시킬 수 있고 가장 빨리 변화의 결과를 얻을 수 있다.

2 | 관광기업 가격의 이해

1) 서비스 가격의 이해

가격이란 위에서 언급한대로 시장에서 제품의 교환가치이며, 구체적으로 구매자들이 특정 제품을 구매함으로써 얻게 되는 효용에 부여된 가치라고 할 수 있다. 서비스산업에서 제시되는 가격은 서비스의 종류에 따라 매우 다양하게 불린다.

일반적으로 소비자들은 서비스와 제품의 가격을 판단할 때에는 각자가 가지는 고유한 특성 때문에 양자를 다소 다르게 파악한다. 이러한 차이점이 발생하는 데는 크게 다음과 같은 3가지의 이유를 들 수 있다(이유재, 2004: pp. 144-145).

① 소비자들이 서비스에 대한 준거가격을 부정확하게 알고 있거나 제한적 정보만을 가지고 있기 때문이다.

② 서비스가 갖는 무형성 때문에 소비자는 가격을 통해 품질을 판단하는 경향이 있다.

③ 서비스에서는 금전적 가격뿐만 아니라 비금전적 요소인 시간, 노력 등이 소비자에게 더욱 중요할 수 있기 때문이다.

3 | 가격결정 요인

기업이 자사의 제품이나 서비스에 대해서 가격을 결정할 때는 기업의 가격목표, 제품에 대한 수요, 원가 구조, 경쟁상황, 정부정책 등을 고려해야 한다.

1) 기업의 가격목표

기업이 가격을 통해서 어떠한 목표를 추구하는지가 가장 먼저 자사의 제품 가격을 결정하는 요인으로 작용하게 된다. 이때 가격목표는 단독적으로 결정되기보다는 다른 마케팅 믹스 변수들과의 관계를 고려하여 결정되어야 하기 때문에 그 기업의 마케팅 전략목표에 따라서 기업의 가격목표가 정해지게 된다.

2) 제품에 대한 수요

제품에 대한 소비자들의 수요에 따라서 가격결정은 달라지게 되는데, 예상되는 수요량이 얼마나 되며, 수요의 가격탄력성이 어느 정도인가에 따라 가격결정에 많은 영향을 미칠 수 있다.

3) 원가 구조

기업의 원가구조는 가격의 하한선을 결정하게 되는데 기업은 생산, 유통, 판매 등에 소요되는 비용을 충당하고 투입한 노력과 위험에 비추어 적당한 이익이 보장되는 가격을 결정하게 된다. 기업이 고려해야 할 원가에는 크게 고정비와 변동비의 두 가지가 있는데 고정비는 새안 및 판매수입에 관계없이 발생하는 비용으로서 예를 들면 임대료, 직원들의 급여 등이 포함된다. 변동비는 생산수준에 따라 변화하는 비용을 말한다. 원가 구조는 생산 및 마케팅과 관련하여 아래와 같은 개념으로 파악할 수 있다.

(1) 총고정비

총고정비(total fixed cost)는 생산, 판매되는 양에 관계없이 일정하게 발생하는 비용으로 임대료, 종업원들의 급여, 보험료, 공장 및 설비의 감가상각비 등이 있다.

(2) 평균고정비

평균고정비(average fixed cost)는 제품 한 단위에 할당된 고정비용으로 총고정비용을 총제품단위로 나누어 계산한다.

(3) 변동비

변동비(variable cost)는 생산에 직결되는 직접 노무비와 자재비를 의미한다.

(4) 평균변동비

평균변동비(average variable cost)는 생산된 제품단위당 변동비로 총변동비를 총제품 수로 나눈 것이다.

(5) 총비용

총비용(total cost)은 총고정비와 변동비의 합계를 말한다.

(6) 한계비용

한계비용(marginal cost)은 추가적으로 한 단위를 생산 · 판매함으로써 발생하는 총비용의 증가분이다. 보통 한계비용은 생산량이 적은 수준에서는 급격히 감소하나 일정량 수준 이후에는 추가적 한 단위의 총변동비의 증가만큼 다시 증가하게 된다.

4) 경쟁상황

기업은 경쟁기업의 가격과 품질을 파악한 후 자사의 가격결정의 가이드라인으로 사용할 수 있는데, 예를 들면 자사제품과 경쟁제품의 품질이 비슷한 경우 자사제품의 가격은 경쟁제품과 비슷한 선에서 결정되어야 하며, 자사 제품의 품질이 경쟁제품보다 떨어지면 가격도 낮게 책정해야 하며, 자사 제품의 품질이 경쟁제품보다 높다고 판단이 되면 경쟁제품보다 가격을 높게 책정할 수 있게 된다. 또한, 경쟁기업의 가격을 평가할 때에는 다음과 같은 점을 아래와 같은 점들을 고려해야 한다(이우용 외, 2003 : pp. 520).

- 산업 내에 얼마나 많은 경쟁자가 있는가? 여기에는 대체제의 생산업자도 포함하여 분석해야 한다.
- 그들의 시장점유율과 시장은 어떠한가?
- 그들의 자금동원능력 및 경영능력은 어떠하며 지금까지 이 제품에 어느 정도 투자하여 왔는가?
- 자사와 비교하여 그들의 원가구조는 어떠한가?

- 지금까지 어떠한 가격체계를 유지하여 왔는가?
- 소비자들은 경쟁제품에 어떠한 반응을 하는가?

한편, 경쟁상황과 고려하여 가격 결정 시 경쟁자들도 자사의 가격변화에 대응하여 그들의 가격을 변화시킬 수 있다는 점을 고려해야 하기 때문에 가격결정 시에는 자사의 가격변화에 대한 경쟁기업들의 반응도 같이 고려해야 한다.

5) 정부정책

가격결정은 항상 기업의 의지대로만 되는 것이 아니라 특별한 상황하에서는 정부의 정책이나 법적 규제에 의해서 제품의 가격결정이 큰 영향을 받게 된다. 우리나라의 경우 1981년 공정거래법 제정 이전까지는 정부의 개입이 매우 직접적인 형태로 나타났기 때문에 주요한 공산품 가격인상을 위해서는 사전에 정부의 허가가 필요했다. 이러한 상황하에서의 가격인상은 원가인상요인이 있다고 판단되었을 때에만 가능했기 때문에 상당한 부작용이 초래되었으며 기업의 입장에서는 이러한 문제 해결을 위해 신제품을 개발하거나 기존제품의 품질을 저하시키는 방법을 사용하였다. 이러한 경우 직접적으로 제품을 사용하는 소비자의 입장에서 품질이 저하된 제품을 사용하게 되고 국산품의 품질향상이나 기술적인 면에서 문제가 발생되었다. 이와 같이 상황에 따라서는 가격에 대한 정부의 직접적인 규제가 가격의 수급조절기능을 약화시키고 여러 가지 문제점을 일으킬 수도 있다.

4 | 가격결정 방법

1) 원가중심 가격결정법

원가를 중심으로 가격을 결정하는 방법에는 원가가산법(markup or cost plus pricing)과 목표수익률법(target profit pricing)이 있다. 원가가산법은 가장 일반적으로 쓰이는 방법으로 원가에 표준이익을 가산하여 가격을 결정하는 방법이다. 목표수익률법은 일정한 표준생산량하에서의 총원가에 예정된 수익률을 가산함으로써 가격을 결정하는 방법이다. 목표수익률법은 손익분기점(break-even point)을 이용하여 가격을 결정한다.

2) 수요중심 가격결정법

수요중심 가격결정법이란 기업이 제품을 생산하는데 들어간 원가가 아니라 소비자가 인식하는 제품의 가치에 따라 가격을 결정하는 방법이다. 이 방법은 소비자가 인식하는 가치에 따라 가격이 결정되는 방법이기 때문에 소비자들의 가치인식의 파악을 위해 일반적으로 소비자 조사를 실시한다.

3) 경쟁중심 가격결정법

경쟁중심 가격결정법이란 경쟁기업의 가격을 검토한 후 그 가격을 기준으로 자사의 가격을 결정하는 방법이다. 따라서 기업은 경쟁기업의 가격과 비교한 후 시가가격, 저가격, 중가격, 고가격 중 하나를 선택하게 되는데, 여기서 시가가격이란 가격변화에 가장 영향력을 가진 선도기업이 결정한 가격을 의미한다.

5 | 가격전략

가격전략은 기업의 현재와 미래의 경쟁상황을 분석해 보았을 때, 어떤 전략이 가장 효율적인지에 의해서 결정되는데 기업의 마케팅 목표 및 마케팅 믹스와 연관지어 결정해야 한다. 이러한 상황에서 단순히 고가격전략, 중가격전략, 저가격전략은 의미가 크지 않기 때문에 경쟁상황 등을 고려하여 상대적 고가격전략, 대등가격전략, 상대적 저가격전략으로 나누어서 생각할 수 있다.

1) 상대적 고가격전략

상대적 고가격전략(premium pricing strategy)은 자사 제품의 가격을 경쟁기업 제품의 가격보다 높게 책정하는 전략으로 자사의 제품이 그 시장에서 우수하거나 명성이 높을 때 사용 가능하다. 상대적 고가격전략은 이미지를 중시하는 고가의류 제품이나 전문품 등에서 일반적으로 나타나며, 소비자가 가격에 의해서 제품의 품질을 평가하는 경향이 강하거나 제품이 개인의 사회적 지위나 명예, 건강 등의 상징적 의미를 갖는 경우에 자주 사용되는 가격전략이다(채서일, 2004 : p. 360).

2) 대등가격전략

대등가격전략(parity pricing strategy)이란 기업이 경쟁기업 제품의 가격과 동일하거나 거의 비슷한 수준으로 가격을 책정하는 전략을 말한다. 대등가격전략은 시장의 수요가 가격에 대해 탄력적이지 않고, 경쟁기업의 가격인하에 대해서 동일한 수준의 가격으로 대응이 가능할 때 사용된다. 기업이 대등가격전략을 구사할 때는 마케팅전략에서 가격이 차지하는 비중이 그만큼 줄어들고 제품, 유통, 촉진과 같은 다른 마케팅 믹스 요소들이 보다 더 중요한 역할을 하게 된다.

3) 상대적 저가격전략

상대적 저가격전략(value pricing strategy)이란 경쟁기업보다 낮은 가격을 책정함으로써 철저하게 생산규모와 판매량을 늘리는 데 목적이 있을 경우 사용되는 가격전략의 유형이다.

상대적 저가격전략은 수요의 탄력성이 높아 소비자가 가격에 대해 민감한 반응을 보일 때나 자사가 진출하려고 하는 시장에 경쟁기업의 수가 너무 많을 경우에 사용될 수 있으며, 이 전략을 구사하려면 경쟁기업들에 비해서 원가구조상의 우위를 가지고 있어야 한다.

[표 10-1] 가격전략과 적합한 상황

가격전략	적합한 상황
상대적 고가격전략	-수요의 탄력성이 높지 않을 경우 -진입장벽이 높아 경쟁기업의 진입이 어려운 경우 -규모의 경제효과를 통한 이득이 미미할 경우 -높은 품질로 새로운 소비자층을 유인하고자 할 경우
대등가격전략	-시장의 수요가 비탄력적일 경우 -경쟁기업에 대해 확고한 원가우위를 가지지 못할 경우 -규모의 경제를 통해 예상되는 이득이 전혀 없을 경우 -가격책정의 목표가 경쟁기업과 대등한 경쟁력을 갖는 데 있을 경우
상대적 저가격전략	-시장수요의 가격탄력성이 높을 때 -원가우위를 확보하고 있어 경쟁기업이 우리 가격만큼 낮추기 힘들 때 -시장에 경쟁자의 수가 많을 것으로 예상될 때 -소비자들의 본원적 수요를 자극하고자 할 때

Chapter 11

호텔관광 유통전략

Chapter 11
호텔관광 유통전략

1 | 유통전략의 이해

유통이란 생산된 제품이나 서비스를 소비자에게 이전하는 과정을 의미하며, 유통산업이란 도매상과 소매상 및 물적 유통기관 등과 같이 유통기능을 수행하고 지원하는 유통기구들의 집합을 말한다. 유통경로(channel of distribution)란 제조입자 → 도매상 → 소매상 → 소비자 형태와 같이 제품이나 서비스가 생산자로부터 소비자에게 이전되는 과정에 거치는 경로이며, 이때의 유통경로는 제품, 가격, 촉진과 함께 마케팅 믹스 구성요소의 하나가 된다.

유통경로는 다른 마케팅 믹스에 비해서 상대적으로 낮은 탄력성을 가지고 있기 때문에 변화시키는 것이 쉽지 않기 때문에 유통경로의 선정은 매우 중요하다고 할 수 있다.

2 | 유통경로의 기능

유통경로의 기능으로는 교환과정의 촉진, 소비자와 판매자의 연결, 고객서비스 제공 등이 있다. 위에서 언급된 유통경로의 기능 중 가장 중요한 기능은 교환과정의 촉진이라고 할 수 있는데 유통경로는 교환과정에서부터 발생되었고 시장의 상황이 복잡해질수록 교환과정 역시 복잡해지게 된다.

유통경로의 다른 기능으로 소비자와 판매자의 연결기능이 있는데, 잠재고객의 위치를 정확하게 알 수 없는 제조업자들은 중간상들을 통해서 보다 많은 잠재고객에게까지 접근이 가능하게 되었으며, 고객도 자신이 구매하고자 하는 제품을 획득하기 위한 탐색비용을 절감할 수 있게 되었다.

유통경로의 기능 중 고객서비스제공 기능은 애프터서비스 제공과 더불어 제품의 배달, 설치 등에 관한 서비스를 제공한다.

3 | 호텔관광기업의 유통

1) 호텔관광기업 유통의 이해

유통의 기본적인 기능은 판매자의 상품을 효율적으로 시장에 전달하고 시장에서 얻은 정보를 수집하여 판매자에게 전달시켜주는 역할을 하는 것이다. 일반적으로 관광유통은 관광공급업자와 소비자인 관광객 사이에 여행사와 같은 알선업체가 유통을 담당한다. 다시 말해서 관광유통은 관광공급업자가 관광객을 위한 시설, 호텔, 항공사, 테마파크, 리조트, 렌터카 등의 관광상품을 여행사에 제공하고 여행사는 관광공급자의 관광상품을 받아 관광객에게 판매하는 유통구조를 가지고 있다. 그러나 관광상품은 제품처럼 제조업자 → 도매상 → 소매상 → 소비자의 유통과정을 반드시 거치지 않는 경우가 많다. 예를 들어 관광객이 직접 호텔과 항공사에 예약을 하고 현지관광도 관광객이 현지에서 직접 수배하는 것이 가능하기 때문이다. 특히 호텔 숙박 또는 항공좌석 등 단일 관광상품만을 이용할 경우 유통과정을 거치지 않고 직접 구매하는 경우가 많이 있다(이정학, 2003 : p. 173).

4 | 유통경로 전략

1) 유통경로 구조의 결정

제조업자가 선택할 수 있는 유통경로의 형태는 제품의 유형에 따라 달라지게 되는데 가장 기본적인 형태는 소비재와 산업재로 나누어서 분류하는 경우이다.

(1) 소비재 유통경로

소비재의 유통경로는 유통경로 내에 개입되는 중간상의 수에 따라 네 가지 유형으로 분류할 수 있는데 제조업자가 소비자에게 직접 판매하는 경우, 소매상이 하나만 있는 경우, 도매상과 소매상을 사용하는 경우, 도매상 · 중간도매상 · 소매상을 사용하는 경우로 분류할 수 있다.

[그림 11-1] 소비재 유통경로

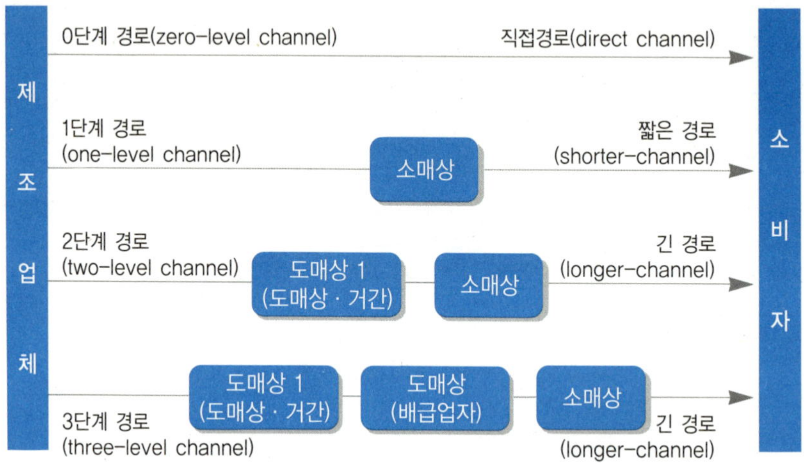

(2) 산업재 유통경로

제조업자는 산업재 소비자에게 직접 판매하기 위하여 자사의 판매원을 이용하거나 산업재 소비자에게 판매하는 산업재 중간상에게 판매할 수 있다. 또한, 제조업자는 제조업자의 대리상이나 자체 판매점포를 통해서 소비자에게 판매할 수 있으며 산업재 중간상을 통해서도 판매할 수 있다.

[그림 11-2] 산업재 유통경로

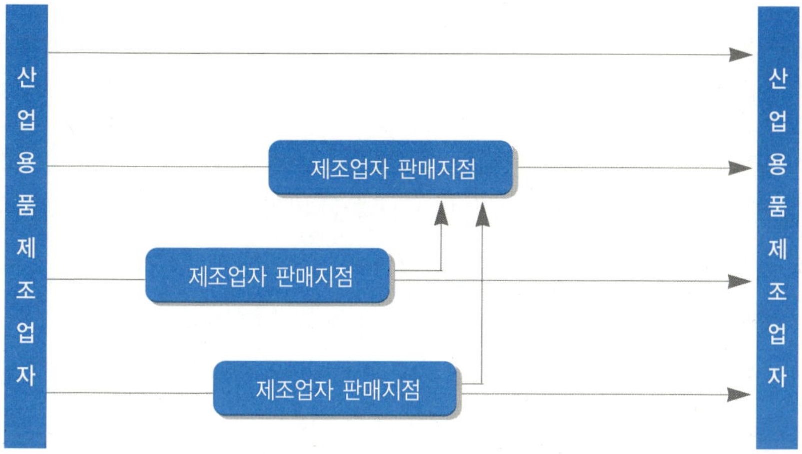

5 | 멀티마케팅 전략

멀티마케팅(multi-marketing)이란 기업이 여러 개의 점포, 상품 · 서비스 혹은 시장들을 대상으로 하거나 아니면 이들을 결합시켜 고객들에게 상품을 배분하거나 서비스를 제공하는 것을 의미한다.

멀티마케팅 전략은 복수점포 전략, 복수서비스 전략, 복수시장 전략, 복수점포/복수서비스 전략, 복수점포/복수시장 전략, 복수서비스/복수시장 전략, 복수점포/복수서비스/복수시장 전략 등으로 나눌 수 있다. 첫째, 복수점포 전략(multi-site strategy)은 유통성장 전략 중 가장 일반적인 형태로 기업의 제품을 복수의 점포들을 통해서 제공하는 전략을 말한다. 단독점포에서 제공되는 제품에는 성장의 한계가 있기 때문에 기업들은 복수점포 전략을 구사한다.

둘째, 복수서비스 전략(multiservice strategy)은 서비스기업이 기존에 제공 중인 서비스상품에 새로운 서비스를 추가하는 것을 말하는데, 시장상황에 따라서 유통점포를 확장하는 대신에 제공되는 서비스 종류를 확장하는 것이 더 효율적일 때가 있기 때문에 기업들은 복수서비스 전략을 구사하게 된다.

복수서비스 전략을 구사하면서 조심해야 할 점은 효율성의 감소인데 새로운 서비스를 추가시키게 되면 추가적인 인적 · 물적 자원이 필요하게 되기 때문에 기존에 제공되는 서비스의 효율성이 저하될 우려가 생기게 된다.

셋째, 복수시장 전략(multisegment strategy)은 기존의 서비스를 새로운 시장에까지 확대하여 제공하는 전략을 말하며 서비스시설 역량에 비하여 수요가 많지 않은 서비스기업에 효과적인 전략이라고 할 수 있다.

넷째, 복수점포/복수서비스 전략은 기존 점포에서 새로운 서비스를 제공함으로써 지속적으로 매출을 증대시키고자 할 때 구사하는 전략으로 대부분의 서비스 기업들은 처음에는 복수점포 전략을 구사하다 시장이 포화상태에 이르게 되면 복수점포/복수서비스 전략을 구사하게 된다.

다섯째, 복수점포/복수시장 전략은 세분된 시장별로 유통점포들을 개설하고자 할 때 큰 효과를 거둘 수 있는 전략이고 할 수 있다. 여섯째, 복수서비스/복수시장 전략은 특정시장에 있는 고객들이 서로 다른 부분들을 사용할 수 있어야 하며, 세분시장에 대해서 서로 다른 핵심 서비스를 제공할 수 있어야 그 효과를 극대화할 수 있다.

마지막으로 복수점포/복수서비스/복수시장 전략을 처음부터 채택하는 기업은 많지 않지만 시간이 경과함에 따라 자연발생적으로 이 전략을 구사하게 된다. 복수점포/복수서비스/복수시장 전략은 멀티마케팅의 세 가지 요소인 점포, 서비스, 시장을 하나로 통합한 유통경로 전략이라고 할 수 있다.

[표 11-1] 각 멀티마케팅 전략의 장점 및 고려사항

전략	장점	고려사항
복수점포 전략	-빠른 확장 -매출의 성장 -관리의 용이성	-좋은 입지 -재정적 지원 -복수 매장 관리 -품질의 통제 -지나친 급성장
복수서비스 전략	-기존고객에게 더 좋은 서비스 제공 -신규고객 확보용이 -매출의 성장	-효율성의 저하 -재정적 지원 -복수서비스관리 -품질의 통제
복수시장 전략	-시설의 적절한 활용 -매출의 성장	-보충시장의 위치 -고객의 혼동 -서비스의 질
복수점포/복수서비스 전략	-매출의 성장 -고객에 대한 원스톱 쇼핑 -기존고객에게 더 좋은 서비스 제공	-간접비 -서비스의 질
복수점포/복수시장 전략	-매출의 성장 -한 시장에 대한 각 점포의 전문화	-간접비 -서비스의 질
복수서비스/복수시장 전략	-매출의 성장 -기존 고객에게 더 좋은 서비스 제공	-신규고객의 확보 -간접비 -고객의 혼동
복수점포/복수서비스/복수시장 전략	-매출의 성장 -원스톱 쇼핑 -경쟁자들의 시장점유율 잠식 방지	-간접비 -서비스의 질 -재정적 지원 -고객의 혼동

Chapter 12

호텔관광 촉진전략

Chapter 12
호텔관광 촉진전략

1 | 촉진전략의 이해

1) 촉진의 개념

촉진(promotion)이란 기업의 제품이나 서비스를 주어진 가격에 구매하거나 구매를 계속하도록 유도할 목적으로 제품 또는 서비스의 성능이나 가치에 대하여 현재 및 잠재고객을 대상으로 정보를 제공하거나 설득하는 것과 관련된 마케팅 노력의 일체를 의미한다(Robertson, 1971 : pp. 43-44 ; 김종의 외, 2003 : p. 284 재인용). 즉, 촉진이란 마케터가 자사의 제품이나 서비스를 경쟁기업의 제품이나 서비스보다 우수하다는 것을 고객들에게 알려서 그들로 하여금 제품을 구매하도록 유도하기 위해 판촉, 광고, 홍보 등의 수단을 활용하여 정보를 제공하고 설득하는 종합적인 활동을 의미한다.

위에서 설명한 바와 같이 촉진은 일종의 커뮤니케이션(communication)이라고 할 수 있으며 이러한 촉진수단으로는 광고, PR, 인적판매, 판매촉진 등이 있다.

촉진전략은 푸시전략(push strategy)과 풀전략(pull strategy)으로 분류할 수 있다. 푸시전략은 제조업자가 중간상을 대상으로 적극적인 촉진전략을 사용하여 도매상이나 소매상들이 자사의 제품을 적극적으로 판매하도록 유도하는 전략이며 푸시전략에서는 중간상 판촉의 중요성이 증가하게 된다. 풀전략이란 최종소비자들을 대상으로 적극적인 촉진을 사용하여 소비자가 자사의 제품이나 서비스를 적극적으로 찾게 함으로써 중간상들이 자발적으로 자사의 제품을 취급하게 만드는 전략을 말한다.

2) 촉진의 기능

(1) 정보제공

잠재고객이 어떤 제품을 구매하려면 우선 그 제품에 대한 지식을 필요로 하기 때문에 정보제공(informing)은 촉진의 가장 기본적이고 중요한 기능이라고 할 수 있다. 정보제공적 촉진기능은 기업이 신제품을 출시하여 본원적 수요를 창출하고자 하는 경우에 특히 중요시되는데 신제품을 출시한 기업은 제품의 구매를 촉구하기보다는 그 제품의 존재가치나 특성 또는 경쟁제품보다 우수함을 알려주는 촉진활동을 하게 된다. 예를 들어 새로운 영화에 대해 광고하는 두 가지 주요한 이유는 잠재관객에게 그 영화를 알리는 것과 언제 극장에서 상영될 것인가를 알리는 것이라고 할 수 있다.

(2) 설득

설득(persuading)기능이란 소비자의 구매행동에 영향을 끼칠 목적으로 긍정적이고 호의적인 소비자 태도를 개발하거나 재강화하기 위해 노력하는 촉진활동을 의미한다. 경쟁기업이 자사와 유사한 제품을 공급하고 있는 경쟁적 시장상황이라면, 마케터는 자사 제품의 비교우위적 특성을 부각시켜 표적 고객들로 하여금 자사의 제품을 구매하도록 설득하여야 한다.

(3) 회상

소비자들이 자사 상표에 대하여 잘 알고 있으면서 긍정적일 경우 촉진의 주요한 목표는 회상(reminding)이 된다. 그 이유는 소비자가 자사의 제품에 대한 선호도가 높더라도 경쟁기업의 여러 촉진도구에 끌릴 수 있기 때문에 소비자에게 자사제품의 장점을 회상시키고 소비자들이 올바른 선택을 하고 있다는 것을 다시 확인시키기 위해서이다.

회상기능은 주로 제품수명 주기상 성숙기 제품의 중요한 촉진목표가 된다.

2 | 촉진수단

1) 광고

(1) 광고의 이해

광고는 영어로 'advertising' 인데, 이 말은 라틴어의 'adverter' 라는 말에서 나온 것으로 "돌아보게 하다", "주의를 돌리다", "마음을 어디로 향하게 한다" 라는 뜻을 가지고 있다. 위에서 언급된 영어의 의미 외에도 독일어, 프랑스어 등을 종합해 볼 때, 광고라는 말을 어원적으로 종합해 볼 때 "반복하여 부르짖어 주의를 끌어 마음을 향하게 하는 것" 이라고 할 수 있다.

이 같은 광고의 어원적인 뜻은 오늘날 광고가 소비자들의 주의를 끌기 위해 갖가지의 광고기법을 동원하는 것과 무관하지 않다. 그런데, 라틴어 'adverter' 에서 유래한 영어의 'advertising' 은 광고세계가 복잡해짐에 따라 'advertisement', 'commercial' 로 세분화되어 그 의미를 조금씩 달리하고 있다. 'advertising' 은 광고행위 또는 광고과정을 뜻하고, 'advertisement' 는 광고물 또는 광고 메시지를 지칭한다. 즉 'advertisement' 는 'advertising' 의 하위개념으로서 'advertising' 의 일부를 말한다. 그래서 일반적으로 광고라고 하면 대개는 영어의 advertising의 의미를 일컫는다. 'commercial' 은 상업방송광고의 메시지를 지칭할 때 쓰여지지만 대개는 방송광고를 지칭할 때 쓰여지는 말이다.

우리나라 말로 '광고' 는 사전적 의미로 "널리 알리다" 라는 뜻을 지니고 있지만, 좁은 의미로는 광고작품 또는 광고메시지를 지칭하는 것으로 'advertisement' 의 의미로 쓰이기도 하고 또 광고활동 또는 광고행위라는 넓은 뜻의 ' advertising' 으로 쓰이기도 해 흔히 광고라고 지칭할 경우 이 두 가지의 이중적인 뜻을 가지고 있다(송용섭 외, 1989 : pp. 46-47).

일반적으로 광고(advertising)란 자신의 이름을 밝힌 광고주가 사람의 대화가 아닌 정보전달의 매체를 이용하여 어떤 상품(서비스, 생각, 사람, 조직단체 등 포함)을 특정 대상에게 소개하거나 판매를 촉진하는 활동으로 정의할 수 있는데 여러 학자들에 의해서 다양하게 정의되고 있다.

(2) 광고의 구성요소

모든 광고에는 광고의 주체, 초점, 대상, 매체, 목적 등이 있어야 한다.

가. 광고의 주체

모든 광고에는 광고의 주체가 있어야 하는데 이를 광고주라 한다. 광고주는 광고에서 선전하는 상품의 소유자이며 광고비를 부담하는 당사자이다.

나. 광고의 초점

모든 광고에는 초점이 있어야 하는데 일반적으로 초점이란 상품 자체를 의미하는데 더 정확하게 말하면 상품에 대해 알리고자 하는 내용을 의미한다.

[표 12-1] 광고에 대한 정의

학자	학자 정의
한국광고학회(1994)	광고주가 청중을 설득하거나 영향력을 미치기 위해 대중매체를 이용하는 유료의 비대면적인 의사전달 형태
D. W. Nylen(1993)	특정 제품, 서비스, 신념, 행동에 관한 정보를 제공하거나 사람들을 설득시킬 목적으로 대중매체에 대가를 지급하고 싣는 메시지
W. R. Lane(1990)	대가를 지급하고 다양한 매체를 통해 제품, 서비스, 아이디어에 관한 정보를 전달하기 위한 설득적 비대인적 커뮤니케이션
Pride & Ferrel(1989)	대중매체를 통해 표적청중에게 전달하기 위한 조직이나 제품에 관한 유료의 비대인적 커뮤니케이션의 한 형태
Wells & Burnett(1989)	명시된 광고주가 대중매체를 이용해 청중을 설득하거나 영향력을 행사하려고 하는 유료의 비대인적 커뮤니케이션의 한 형태
S. W. Dunn & A. M. Barban(1986)	어떠한 방법으로 든 광고메시지 가운데 명시된 기업이나 비영리 조직 또는 개인이 다양한 매체를 통해 특정 집단의 청중에게 정보를 제공하거나 설득하고자 하는 유료의 비대인적 커뮤니케이션
John Wright(1977)	대중매체를 이용한 통제된 명시적 정보 및 설득 미국광고대행사협회(1976) 소비대중에게 자기 제품의 판매나 서비스의 이용을 궁극적인 목표로 삼고, 이에 필요한 정보를 미디어를 통해 유료로 전달하는 모든 행위
R. Tilman & Kirkpatrick(1972)	매스컴을 통해 전달하고 원하는 바를 이루기 위하여 설득하는 것을 목적으로 하는 유료의 상업적 촉진형태
미국마케팅학회(1963)	광고주를 위해 사람이 직접 개입하지 않으면서 대가를 지급하고 제품, 서비스, 아이디어를 촉진시키고 알리는 것을 목적으로 하는 모든 형태

다. 광고의 대상

모든 광고에는 대상이 있어야 하는데 광고의 대상을 표적청중이라고 한다. 그 표적청중이 정해져야만 적합한 메시지와 매체가 정해질 수 있다.

라. 광고매체

마케터는 수많은 소비자와 직접 커뮤니케이션을 할 수 없기 때문에 이를 가능하게 하는 연결고리가 필요하다.

마. 광고의 목적

모든 광고는 사용하는 목적이 있어야 하며 또한 그 성과에 대한 평가가 필요하다. 광고는 상품을 소개하거나 판매를 촉진하기 위해 사용되는데, 광고의 효과는 상당히 다양하므로 다목적으로 사용이 가능하고 목적별로 어느 정도의 효과 측정이 가능하다.

(3) 광고의 기능(한민희, 장대련, 2002 : pp 13-18 참조)

광고는 마케팅 커뮤니케이션 활동의 하나로서 상품에 관한 여러 가지 정보를 전달하고, 직접적으로 판매를 촉진하는 것을 기본 기능으로 한다. 하지만 광고주는 상품을 소개하거나 판매를 촉진하는 과정에서 다양한 마케팅적, 경제적, 사회적, 문화적 기능을 수행하게 된다.

가. 마케팅적 기능

첫째, 광고는 소비자를 교육하는 기능을 하는데 고객의 학습을 필요로 하는 새로운 상품의 광고나 사회적으로 바람직한 운동을 전개하는 광고에는 고객을 교육하려는 내용이 많이 포함된다.

둘째, 광고는 상품의 가치를 증가시키는 기능을 하는데 특히 광고는 무형적인 측면의 상품가지치 증가에 기여한다. 예를 들어 상품의 중요한 가치 중 하나가 브랜드인데 광고는 소비자가 느끼는 브랜드에 관련된 상징적인 가치를 높여줄 때가 많다.

셋째, 광고는 새로운 정보를 창출하며,

넷째, 광고는 유통 측면에서 판로를 확보하는데 도움을 준다. 특히 신상품의 경우 광고를 많이 하는 것은 소비자를 상점으로 끌어당김으로써 소매상에서 그 상품을 진열하도록 촉진하는 계기가 될 수 있다.

또한, 아래에 설명되어 있는 경제적, 사회적, 문화적 기능들도 대부분 마케팅 차원에서 활용될 수 있는 것이다.

나. 경제적 기능

광고의 경제적 기능을 살펴보면 광고는 대량생산을 촉진하여 경제성장에 기여한다. 둘째, 광고는 자원의 분배에 영향을 미치는데 광고는 기업의 수익성이 높은 사업부문에 자원을 보다 집중시키는 측면이 있으며 경제성이 부족한 사회적 필수재의 경우 자원분배를 더욱 어렵게 만드는 측면도 있다. 또한, 광고는 상품을 차별화함으로써 기업의 독점력을 높이는 역할도 한다.

다. 사회적 기능

사회적인 측면에서 광고는 사회 마케팅(social marketing)의 수단으로 활용되어 사회변화에 중요한 영향력을 행사한다. 광고는 한 사회에 존재하는 여러 가지 가치관을 반영하면서 그 가치관을 더욱 강화시킬 수도 있고, 약화시킬 수도 있다. 예를 들면 해외 유명제품의 광고는 소비자들로 하여금 해외 유명제품을 선호하는 경향을 일으킬 수 있다. 둘째, 광고는 제조업체에게 소비자와 직접적으로 의사소통할 수 있는 경로를 제공한다.

라. 문화적 기능

광고는 문화를 상품화시키는 중요한 수단이 될 수 있다. 관광은 문화를 상품화하는 대표적인 예로서 광고에 크게 의존하는 상품이다. 또한, 광고는 서로 다른 문화권 간의 상호영향을 조장하는 역할을 한다. 광고는 특히 서구세계의 소비문화를 세계 전역에 일방적으로 전파하여 여러 문제를 일으키기도 한다. 우리는 소비문화 외에도 다른 문화권 간의 영향을 광고에서 볼 수 있다.

(3) 광고의 종류

광고의 종류는 매우 다양한데 최근에는 빠르게 변화하는 정보통신기술환경의 영향으로 인터넷광고와 관련된 부분이 매우 중요한 부분이 되고 있으며, 분류기준과 세부적인 분류는 〈표 12-2〉와 같다.

(4) 광고매체

광고주는 광고매체를 선정하기 위하여 광고의 목적, 메시지 요건, 구매결정의 시기와 장소, 비용 등을 신중하게 고려해야 한다.

(5) 국제광고

해외 마케팅에서 중요한 것이 국제 커뮤니케이션 전략인데, 국내와 국제커뮤니케이션을 5W 모형을 놓고 비교했을 때 아래와 같은 차이점이 있을 수 있다.

가. Who

모든 커뮤니케이션은 주체가 있어야 하는데 여기서 고려해야 할 점은 주체에 대한 인지도가 국가마다 다르기 때문에 국내에서 인지도도 높은 기업이 해외에서는 인지도가 낮을 수 있다는 점이다. 그렇기 때문에 해외에서 마케팅활동을 수행할 때는 그 브랜드가 잘 알려져 있는지와 브랜드명이 기억하기가 용이한지를 반드시 검증해야 한다.

나. What

모든 커뮤니케이션은 전달하고자 하는 핵심사항이 있어야 한다. 국제커뮤니케이션 전략에서 고려해야 할 점은 국가별로 매체의 특성이 다르다는 것과 이에 따라 커뮤니케이션 여건이 많이 다를 수 있다는 것이다. 예를 들어 국가마다 TV광고의 길이가 다르기 때문에 광고의 길이가 매우 짧은 경우 What의 선택은 중요해진

[표 12-2] 광고의 분류

분류기준	대분류	세부분류
광고상품	일반상품	상품광고, 서비스광고
	조직	기업광고, 공공단체광고, 비영리단체광고
	개념	공익광고, 의견광고, 사과광고, 공고
	사람	정치인광고, 구직광고
목표청중	개인소비자	소비자상대광고, 전문인상대광고
	단체	산업광고, 유통경로내광고, 조합상대광고
사용매체	방송광고	TV광고, 라디오광고
	인쇄물광고	신문광고, 잡지광고
	옥외광고	옥외간판광고, 옥내외상징물광고
	온라인광고	인터넷광고 등
추구목적	영리광고	상품광고, 기업광고
	비영리광고	공익광고, 개념광고, 사람광고, 정보광고
지역범위	국제광고	다국가광고, 특정국가 내 광고
	국내광고	전국광고, 지역광고
개인에게 지접전달 여부	직접광고	직접우편, 전단광고, 인터넷광고
	간접광고	지접광고 이이 대부분 광고
광고주체	생산자광고	기업광고, 상품광고, 판촉광고
	소매광고	세일광고, 행사광고
광고카피	이성광고	사실전달형광고, 설득형광고, 상기형광고
	감성광고	정 · 향수 · 깨끗함 등 감성소구형광고
광고개념 실현방식	소개방식	단순소개형광고, 드라마형광고, 비교형광고
	음악사용	CM음악광고, 주제음악광고, 배경음악광고, 무음악광고
	특수기법	만화광고, 특수처리광고, 일반광고
	설득방식	비교광고, 결로유보광고, 양면성광고, 반복형광고, 일반광고
	모델특성	연예인광고, 전문인광고, 일반인모델광고
삽입시간	프로그램광고	일반프로그램광고, 스포츠광고, 특집광고
	인포모셜	롱(3~8분)광고, 숏(90초)광고
	기타시간광고	스파트광고, 자막광고, 시보

자료 : 한민희. 장대련, 광고론, 2002, 학현사 p. 19

다. 한국의 광고길이는 대개 15초이므로 제품의 여러 사항 중 무엇을 강조할 것인지를 숙고하여 간결히 표현해야 한다. 반면에 60초 광고를 할 수 있는 시장에서는 더 깊이 있는 소재를 다룰 수 있다. 또한, 국제마케팅을 수행할 때 여러 국가에 대해 동일한 커뮤니케이션 전략을 강조할 것인지 아니면 서로 다른 메시지를 사용할 것인지를 잘 선택해야 한다. 현대자동차가 한국에서는 업계의 선두주자이기 때문에 이에 맞는 이미지 광고를 할 수 있지만 외국에서는 후발주자인 위치에 있으므로 더 공격적인 메시지를 전달해야 한다(한민희, 장대련, 2002: pp. 372-373)

다. Whom

모든 커뮤니케이션에는 대화의 상대가 있어야 하는데 , 국내시장의 대상과 해외시장의 대상은 달라질 수 있다. 예를 들어 Virginia Slims 담배는 미국에서는 여자들을 겨냥하고 있지만 한국에서는 반대로 남자들을 겨냥하고 있다.

라. Which

Whom과 연관되어 있는 문제가 Which Medium이기 때문에 표적청중이 정립되면 이에 맞는 매체가 선택되어야 한다. 따라서 청중과 매체의 성격을 일치시키는 것이 중요하다.

마. What Effect

모든 커뮤니케이션은 정확한 목적을 위해 집행되어야 하고, 집행 이후 목적들이 제대로 달성되었는지 그 효과를 검증해야 한다.

2) 홍보, PR

(1) 홍보

홍보(publicity)란 대가를 지급하지 않고 TV, 라디오, 신문, 매체 등의 비 인적매체를 이용하여 제품 및 서비스에 관한 소식을 고객에게 제공하는 활동을 말한다. 홍보는 다음과 같은 특성을 가지고 있다. 첫째, 홍보는 비용을 기업이 부담하지 않고 매체회사가 부담함으로써 무료로 이루어진다. 둘째, 매체회사의 주관하에 뉴스 형태로 정보가 제공되기 때문에 광고와 비교해서 훨씬 소비자들의 신뢰도가 높다. 셋째, 매체의 사정에 따라 모든 것이 결정되고 진행되기 때문에 뉴스 형태로 제공되는 자사 관련기사 내용이나 정보제공시간 등에 대해 통제의 어려움이 있다.

관광기업의 홍보대상과 관련하여 홍보의 대상을 호텔과 항공사의 예를 들어 살펴보면 다음과 같다(이정학, 2003 : p. 208).

[표 12-3] 광고의 분류

호 텔	항 공 사
-사장, 총지배인, 총주방장 등 임직원 동향	-사장 및 임직원들의 동향
-신상품, 패키지상품, 프로모션 상품	-신노선 취항
-영업장의 시설변경 및 증축, 신설 등	-신항공기의 도입 및 교체
-국내외 정치인, 연예인 및 저명인사 등의 내방	-타 항공사와의 제휴
-기념일 이벤트 등	-항공사자체 또는 임직원들의 수상
-호텔자체 또는 임직원들의 수상	-친절서비스 사례
-종사원들의 미담	

(2) PR

PR(public relations)은 기업 이미지를 제고시킬 목적으로 각종 간행물을 발행하고, 자선단체를 지원하며, 지역사회 봉사활동을 하는 등 고객뿐만 아니라 일반대중에게 직·간접의 편익과 혜택을 제공하는 활동을 말한다. PR의 궁극적인 목적은 이미지 제고를 통해서 자사제품이나 브랜드의 선호도를 높이려는데 있다.

3) 인적판매

(1) 인적판매의 개념

인적판매(personal selling)란 판매원을 통해 잠재고객에게 제품에 대한 정보를 제공하고 구매하도록 설득하는 촉진수단으로 방문판매나 점원의 구매권유 행위가 그 대표적인 예이다.

일반적으로 인적판매의 목적은 예상고객을 찾고, 그들에게 구매하도록 확신시키며, 구매결과에 대해 만족감을 갖도록 하는 데 있다. 대부분의 잠재 구매자들은 제품을 구매하기 전에 정보를 탐색하기 때문에 판매원은 먼저 그들의 정보욕구를 확인한 다음 관련되는 정보를 제공해야 한다.

(2) 인적판매의 장점 및 단점

인적판매는 다음과 같은 장점과 단점을 가지고 있다.

가. 장점

가) 고객과 판매원이 양방향 커뮤니케이션(two-ways communication)을 하기 때문에 고객이 많은 정보를 접할 수 있다.

나) 다른 촉진도구들과 비교할 때 보다 효과적으로 표적시장의 핵심고객을 겨냥할 수 있다.

다) 고객과 판매자 사이의 적극적인 상호작용이 일어나기 때문에 특정한 고객의 욕구에 유연성있게 대처할 수 있다.

라) 고객반응에 대해서 즉각적인 피드백이 이루어질 수 있으며 고객들과 장기적인 관계를 구축할 수 있다.

나. 단점

가) 판매원이 접촉할 수 있는 고객의 수가 한정되어 있기 때문에 촉진의 속도가 매우 느린 편이다.

나) 고객 한 명에 대해서 많은 촉진비용이 사용된다.

다) 유능한 판매원을 선발, 교육, 훈련하는데 비용이 많이 들며, 유능한 판매원을 확보해서 유지하는데 어려움이 따른다.

(3) 인적판매 과정

판매원의 판매과정은 아래 그림과 같이 크게 준비단계, 설득단계, 거래 및 고객관리단계의 3단계로 구성되어 있다.

먼저, 준비단계는 예상고객을 탐색하고 이들에 대한 사전 정보를 수집한 후 이들에게 접근할 방법을 모색하는 단계인데, 판매원은 시간과 노력을 절약하기 위하여 예상고객을 사전에 가능한 한 정확하게 선별하는 것이 중요하다. 설득단계는 잠재고객에게 접근하여 제품을 소개하고 구매를 설득하는 단계이며 거래 및 고객관리단계는 고객과의 거래를 성사시키고, 고객이 구매 후 만족하도록 지속적으로 고객을 관리하는 단계를 말한다.

[그림 12-1] 인적판매과정

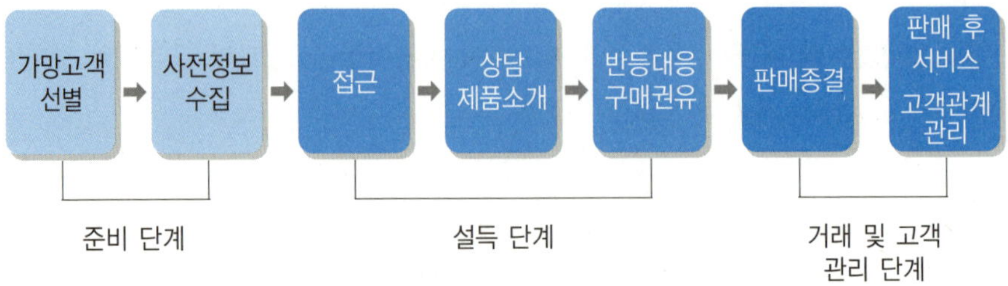

자료 : Philip Kotler and Gary Armstiong. Principles of Marketing. 9th ed., Prentice-Hall, Inc., 2001. p. 600 참조

4) 판매촉진

(1) 판매촉진의 개념

판매촉진(sales promotion)이란 기업이 소비자들의 즉각적인 반응을 유발시켜 단기적으로 매출을 증대시키기 위하여 사용하는 모든 수단을 의미한다.

판매촉진은 제조업자, 중간상, 비영리조직을 포함한 모든 조직에서 이루어지고 있으며 일반적으로 제조업자 판매촉진은 소비자판촉, 중간상판촉, 판매원판촉으로 구분되지만 판매원판촉은 실질적으로 판매원관리에 포함되기 때문에 정확하게 말하자면 제조업자 판매촉진이라고 볼 수 없다.

(2) 소비자 판매촉진

소비자 판매촉진의 목적은 대량구매와 충동구매를 자극하고, 비사용자의 시험사용을 유도할 뿐만 아니라 경쟁제품을 사용하는 고객을 자사의 고객으로 전환시키려는 목적을 가지고 진행된다. 소비자 판매촉진기법들로는 견본, 쿠폰, 프리미엄, 현금환불, 소액할인, 무료시용, 연계촉진 등이 있다.

가. 견본(sample)

소비자에게 특정 제품을 무료로 제공하는 것을 말하는데, 신제품 도입 시에 가장 효과적인 판촉수단이지만 가장 비용이 많이 드는 판촉수단 중 하나이다.

나. 쿠폰(coupon)

소비자가 특정 제품을 구매할 때 할인혜택을 받는 것을 말하는데, 일반적으로 성숙기 시장에서 효과적이고 도입기나 성장기에 새로운 상표의 조기 사용을 유도하는데 효과적이다.

다. 프리미엄(premium)

경품을 의미하는 것으로 특정한 제품이나 서비스의 구매를 위한 자극제로서 구매자에게 사례의 뜻으로 무료 또는 염가로 제공되는 제품이나 서비스를 말한다. 프리미엄은 신제품보다 기존제품에 대해서 경쟁자의 침투를 막기 위한 목직으로 많이 사용된다.

라. 현금환불(cash refund offers)

소비자가 제품을 구입 시에 가격인하를 하는 것이 아니라 구매 후 가격인하를 제공하는 것을 의미한다.

마. 소액할인(cent off deal)

할인가격촉진이라고도 하며 정가에서 일정한 비율이 할인된 가격을 포장에 표시하여 판매하는 것을 말한다. 소액할인은 잠재적 고객의 시용을 증가시키거나 경쟁자의 활동에 대한 대응 목적으로 활용된다.

바. 무료시용(free trial)

잠재 구매자들의 구매자극을 목적으로 무료로 제품을 시용할 수 있도록 초대한는 방법이다.

사. 연계촉진(tie-in-promotion)

둘 이상의 기업이나 상표를 통하여 그들의 소비자에 대한 판매력을 강화하기 위하여 서로의 기업이나 상표에 대하여 서로 공유하며 사용할 수 있는 쿠폰, 환불 등의 판매촉진수단을 서로 공동사용하는 것을 말한다.

(3) 중간상 판매촉진(trade promotion)

유통업자나 중간상 및 소매상들에게 제조업자가 자사제품이나 서비스에 대한 거래량, 거래액, 거래규모를 증대시키거나 신규거래를 하기 위한 목적으로 실시된다. 중간상 판매촉진 기법에는 다음과 같은 것들이 있다(채서일, 2004 : p. 466).

가. 구매공제

제조업자가 특정 기간 동안에 자사의 특정제품을 구매하는 중간상에게 구매량당 일정액의 금액을 할인해주는 제도로서, 중간상으로 하여금 다량 구매를 유도하거나 평상시에는 구매하지 않는 새로운 제품을 구매하도록 하기 위한 목적으로 사용되는 동기부여의 한 수단이다.

나. 상품공제

제조업자가 자신의 제품특징이나 성능 및 효용을 부가해 준 중간상에게 제품을 추가적으로 제공하는 것과 같은 보상책의 일환이다.

다. 광고공제

제조업자가 자사제품의 광고에 기여한 중간상에게 제공하는 보상을 말한다.

라. 후원금

제조업자가 일정량 이상을 구매한 중간상에게 자사상품의 판매에 노력하도록 현금 현물을 제공하는 것을 말한다.

마. 전시공제

중간상이 제조업자의 상품을 진열대 등에 특별히 전시하거나 특별코너를 제공해준 대가로 제조업자가 지불하는 보상을 말한다.

바. 기념품 증정

제조업자가 상호 및 상표가 부착된 간단한 홍보용 제품을 중간상에게 무료로 제공하는 것을 말한다.

사. 무료상품

일정량 이상을 자사의 제품을 구매하는 중간상에게 제조업자가 특별히 무료로 제공하는 제품을 말한다. 이것은 기존의 규모가 크거나 거래실적이 있는 유통업자나 중간상들에게 제공되기도 하는데, 일반적으로 한정된 기간에만 제공된다.

아. 파견점원

제조업자가 거래규모가 큰 중간상의 가게, 점포 등에 자사 제품판매를 활성화시키기 위해 파견하는 점원을 말한다.

5) 직접 마케팅(direct marketing)

대중매체나 판매원을 활용하지 않고 고객에게 직접 다양한 방법으로 커뮤니케이션을 하는 촉진활동을 의미하며 직접마케팅의 방법으로는 DM(direct mail)을 발송하거나, 텔레마케팅(telemarketing), 이메일 등을 통한 촉진활동이 있다. 직접 마케팅은 고객에게 맞춤정보를 제공할 수 있는 장점이 있지만, 촉진속도가 느리고 비용이 많이들 뿐만 아니라 제한된 시간 내에 접근할 수 있는 고객의 수가 제한적이라는 단점이 있다.

[표 12-4] 촉진수단의 장단점

촉진수단	특징	장점	단점
광고	유로의 비인적 대중매체 활용	· 다수고객접근가능 · 메시지 통제가능 · 고객당 비용저렴	· 정보양의 제한 · 고객별 메시지 개별화 불가능 · 효과측정 어려움
인적판매	판매원 활용	· 고객별 정보 개별화 가능 · 설득력 높음 · 즉각적 피드백	· 촉진속도 느림 · 고객당 촉진비 높음
판매촉진	샘플, 경품 등을 활용하는 단기적 유인책	· 주의집중 효과 큼 · 즉각적 구매유인 효과 큼	· 비용고가 · 모방용이
홍보	매체 주관하에 뉴스형태로 정보제공	· 신뢰도 높음 · 비용무료	· 통제 어려움 · 간접적 효과
PR	이미지 제고를 위한 공중관계 형성	· 다각적 효과	· 효과느림 · 간접적 효과
직접 마케팅	비공개적 개별매체 활용	· 고객 개별화 가능 · 상호 작용성 높음	· 고객당 촉진비 높음 · 접근 고객수 제한

Chapter 13

국제호텔관광 마케팅 전략

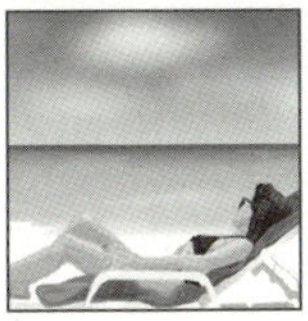

Chapter 13
국제호텔관광 마케팅 전략

1 | 국제 마케팅의 이해

국제 마케팅(global marketing)에 대해서 여러 가지 다양한 연구들이 진행되고 있지만 아직까지 명확한 개념정립은 이루어지지 않고 있다. 일반적으로 국제 마케팅을 정의하면 다국적기업이 수행하는 마케팅으로 국경을 넘어서 일어나는 모든 형태의 마케팅 활동으로 정의할 수 있다.

국제 마케팅의 형태는 크게 두 가지로 분류해 볼 수 있는데, 한 가지는 국내에서 해외로 마케팅 활동을 펼치는 형태이고, 다른 한 가지는 해외시장에서 직접 현지 소비자들을 대상으로 마케팅활동을 하는 것이다.

국제 마케팅을 국내 마케팅과 비교해보면, 마케팅의 기본적인 개념과 마케팅 믹스는 차이점이 없지만, 나라마다 처한 상황이 다르기 때문에 이러한 상황들에 어떻게 대처해 나가야 되는지의 문제점이 있다.

특히 최근에는 글로벌화의 일반화로 어느 정도 규모가 있는 대부분의 호텔관광 기업들은 두 개의 국가 이상에서 사업을 운영하고 있기 때문에 국제 마케팅의 중요성이 점점 더 커지고 있는 상황이라고 할 수 있다.

1) 국제 마케팅 환경

(1) 정치적 환경

국제 마케팅에 있어서 정치적 환경(political environment)은 그 나라가 정치적으로 얼마나 위험하지 않고 안정되었는지를 의미한다.

정치적 위험을 예측하고 평가하려는 노력은 다음의 세 가지 필요성에 의해 계속되어 왔다. 첫째, 미래의 위험한 국가를 미리 찾아내어 기업의 노출을 최소화하려는 필요성이다. 둘째, 필요 이상으로 정치적으로 불안정이 과다평가되었던 국가나 정치적 환경이 개선된 국가를 찾아내어 진출을 고려할 필요성이다. 셋째, 정치적으로 위험하나 진출대상에서 자동적으로 제외될 정도로 위험하지 않은 국가를 확인할 틀을 마련할 필요성이다(이철 · 장대련, 1999 : p. 119).

일반적으로 정치적 위험을 평가하기 위해 다음 4가지 방법이 많이 사용된다(이철 · 장대련, 1999 : p. 120).

가. 현지조사방법(grand tour)

진출을 고려하는 국가에 경영자가 직접 방문하는 방법이다.

나. 고문사용방법(old hand)

기업외부의 그 지역에 대한 전문가의 자문을 받는 방법이다.

다. 델파이법(Delphi)

전문가들에게 특정문제에 대한 독립적인 의견을 같이 나누게 함으로써 수렴된 의견을 모으는 방법이다. 델파이법을 사용하여 정치적 위험을 평가하는 대표적인 기업이 BERI(Business Environment Risk Index) 시스템이다. 이 시스템은 매년 약 45개 국가를 선정하여 100명의 전문가로 심사위원회를 구성하여 각 심사위원으로 하여금 특정국의 정치적 변수에 대하여 평가를 하도록 한다. 첫 번째 평가 후 각

심사위원은 다른 심사위원들의 평가가 종합된 결과를 보고받으며, 이것을 기준으로 자기의 초기평가를 수정할 수 있다. 이와 같은 과정을 몇 차례 반복한 후 최종적으로 특정국가의 정치적 위험에 관한 최종평가가 결정된다.

라. 계량적 방법

최근 많은 기업들은 정치적 위험을 보다 객관적으로 평가하기 위해서 계량적 방법(quantitative method)을 사용한다. 많은 계량적 방법 중에 주로 많이 쓰이는 방법이 판별분석방법이다. 이 방법은 정치적 사건의 발생가능성을 예측하기 위하여 계량화할 수 있는 요인들 사이에 수학적 관계를 개발하는 것을 의미한다.

(2) 경제적 환경

국제 마케팅의 경제적 환경(economical environment)에 영향을 미치는 요인은 크게 글로벌 경제환경과 개별적인 해외시장의 경제적 환경으로 나누어볼 수 있다.

글로벌 경제환경은 시장의 글로벌화 지역경제의 통합으로 요약할 수 있다. 시장의 글로벌화는 전 세계 시장이 무역장벽의 철폐와 정보통신 및 교통수단의 발달로 하나의 경제 시스템으로 통합되는 경향을 나타내고 있는 것을 의미한다.

지역경제의 통합은 시장의 글로벌화와 함께 글로벌 경제환경의 주요한 경향으로 나타나고 있는데, 한 지역 내의 여러 국가들이 상호 간에 관세 및 비관세장벽을 철폐하여 재화 및 서비스와 생산요소가 자유롭게 이동하도록 보장하는 협정을 의미한다.

개별적인 해외시장의 경제환경으로는 소득수준 · 인구 · 물가수준 · 상승률 등을 꼽을 수 있다.

첫째, 소득수준은 국제마케팅 환경에서 대부분의 제품의 경우 소득수준이 그 지역의 시장잠재력을 나타내는 중요한 경제적 지표가 된다.

둘째는 인구인데, 해외시장 잠재력을 측정하는 중요한 지표가 인구수이다. 특히 가격이 저렴한 소비재의 경우는 인구가 소득수준보다 시장잠재력을 나타내는 데 있어서 우선적인 지표가 될 수 있다.

셋째는 물가수준 및 상승률이다. 인플레이션(inflation)은 소비자들의 구매력에 영향을 미치고, 마케팅관리자의 계획을 어렵게 만드는 요인이 된다. 물가상승률이 높은 국가에서는 국제마케팅관리자가 보다 경제적인 제품을 만들어야 하며, 판촉(promotion)도 보다 합리적으로 해야 한다.

(3) 문화적 환경

국제 마케팅 환경 중 특히 문화적 환경은 다른 환경에 비해서 호텔관광기업들의 마케팅과 관련해서 내포하는 시사점이 큰 환경적인 부분이라고 할 수 있다.

국제경영환경에서 문화적 차이를 발견하려는 노력은 여러 학자들에 의해서 꾸준히 진행되어 왔지만, 특히 Hofstede의 연구는 각국의 문화적 차이를 실증적으로 제시했다는 점에서 중요한 연구로 평가받고 있다. Hofstede의 연구에 의하면 각국의 문화적 차이는 크게 네 가지 차원으로 분류할 수 있다.

첫째는 권력거리(power distance)인데, 이는 사회 내에서 부와 권력이 불평등하게 배분되어 있다거나 편중되어 있을 경우 이를 어느 정도 수용하는가 하는 것을 의미한다. 권력거리가 큰 문화에서는 권력과 부의 불균등성이 점차 확대되는 추세를 보이고, 권력거리가 낮은 문화에서는 사람들이 가능하면 이러한 격차를 줄이려고 노력하는 성향을 보인다.

둘째는 개인주의와 집단주의적 성향(individualism vs collectivism)인데, 이것은 사람들이 얼마나 개인주의적이거나 집단주의적 성향을 보이는가를 의미한다. 개인주의적인 사회에서는 개인들 간의 연계가 느슨하고 개인의 성취와 자유가 높게 평가되며, 집단주의적 사회에서는 개인 간의 관계가 밀접하게 연계되어 있다.

셋째는 불확실성의 회피(uncertainty avoidance)이다. 불확실성의 회피란 사람들이 모호한 상황이나 불확실성을 용인하는 정도를 의미한다. 불확실성 회피성향이 높은 문화에 있는 사람들은 직업안정성이나 직급의 승진 패턴에 대해서 상당히 높은 가치를 부여하며, 관리자들이 아주 분명한 지시를 내려 줄 것을 기대한다. 반면에 불확실성 회피성향이 낮은 문화에서는 변화에 대해서 두려워하지 않으며, 위험을 극복하려는 성향이 높게 나타난다.

넷째는 남성다움과 여성다움(masculinity vs femininity)의 성역할을 나타낸다. 남성중심적인 문화에서는 남녀 간의 역할분담이 이루어져 있고, 성취감이나 자기주장 및 물질적인 성공에 대해서 강한 선호를 나타낸다. 반면에 여성중심적인 성향이 강한 문화에서는 복지와 화목에 더 높은 가치를 두는 경향이 있다.

Hofstede는 이와 같은 4개의 측면에서 각국의 문화가 어떠한 성격을 갖는지를 0에서 100 사이로 점수화하였다. Hofstede의 연구는 국가별로 문화차이를 계량적으로 측정하는 틀을 제시한 것에 대한 기여가 있지만 몇 가지 문제점도 발견할 수 있다. 첫째, Hofstede의 표본이 일반화되기 어려운 문제점이 있다. 둘째, 국가별로 여러 개의 문화가 존재하기 때문에 국가마다 하나의 문화적인 단위를 측정해서 이를 비교하는 것은 만약 한 국가에 이질적인 문제가 혼재하는 경우 오류가 발생할 수 있다. 한편 최근에는 급속하게 국제경영환경이 변화하기 때문에 Hofstede의 연구를 지금 해당국가에 적용하는 것은 문제점이 있을 수 있다(장세진, 2004: pp. 150~151).

2 | 글로벌 전략과 국제 마케팅

1) 글로벌 전략의 수립

급변하는 글로벌 환경하에서 다국적기업(multinational corporation)들이 글로벌 전략을 수립하는데 있어서 가장 고민하는 부분은 서로 상반된 개념인 현지화(locali- zation)와 글로벌화(globalization)를 균형있게 조화시키는 일이다. 다국적기업들은 조직의 특성상 지리적으로 멀리 떨어져 있어 정치, 경제, 사회 · 문화적 환경이 다른 국가에서 운영되지만 기업 전체적으로는 하나의 조직이다.

다국적기업의 본사(headquarters)와 자회사(subsidiary)의 관계를 살펴보면 일반적으로 본사가 여러 가지 경영자원을 가지고 자회사를 통제하는 현상을 나타내지만, 일본 Sony의 미국 자회사 사례와 같이 자회사가 본사가 보유하지 못한 경영자원을 가지고 본사의 통제권 밖에 있는 경우도 있다.

다국적기업의 자회사들은 역할에 따라서 서로 다른 특성을 가지고 있기 때문에 본사의 입장에서 모든 자회사들을 대상으로 동일한 통제 메커니즘을 사용하면 바람직하지 않다. 다국적기업의 글로벌 전략은 일반적으로 국가별 전략(multidomestic strategy), 글로벌 전략(global strategy), 초국적 전략(transnational strategy) 등 3가지로 분류할 수 있다.

국가별 전략은 본사가 나라마다 자회사를 설립하여 본사와 자회사 간의 통제없이 자회사의 운영은 각 나라의 자회사가 책임지는 형태의 전략이다. 글로벌 전략은 본사가 해외 주요 지역에 설립된 자회사를 통제하는 형태의 전략이며, 초국적전략은 세계 여러 지역에 자회사를 설립하고 이들 여러 자회사들을 하나의 기업으로 통합하는 전략을 의미한다. 하지만 어떠한 다국적기업도 완전한 현지화(localization) 전략을 구사하거나 글로벌(global) 전략을 구사하는 기업은 존재하지 않으며 모든 기업들은 현지화 전략과 글로벌 전략 사이에 연속선상에 존재하고 있다.

다만, 우리가 다국적기업의 전략을 분류하는 것은 우리의 개념적인 이해를 도모하기 위함이다. 다국적기업들이 취하는 글로벌 전략들 중 어떠한 특정한 전략이 다른 전략들과 비교해서 더 우수한 전략은 아니고 각각의 다국적기업이 처한 상황과 산업의 특성 등에 따라 다국적기업들은 그들이 취할 글로벌 전략을 선택하게 된다. 하지만, 여러 산업에서 나타나고 있는 공통적인 현상은 산업이 글로벌화됨에 따라 기업들도 점점 국가별 전략에서 글로벌 전략으로 경쟁전략을 바꿔가고 있다는 사실이다.

(1) 글로벌 전략의 주요 요소

글로벌 기업들에게는 글로벌화와 현지화를 동시에 달성해야 하는 상반된 목표가 동시에 존재하는데 글로벌화가 더욱 강조되는 산업은 표준화된 제품을 대량생산하는 산업과 연구개발 분야에서 규모의 경제 효과가 큰 산업이다.

한편, 다국적기업들이 현지화를 해야 하는 이유들로는 환율변동으로 인한 국제경쟁력 약화 대비, 보호주의 무역 대비, 나라별로 정치 · 문화적 환경의 차이 극복 등을 들 수 있다.

글로벌 기업들은 글로벌 전략을 수립할 때 다음과 같은 사항들을 고려해야 한다(장세진, 1999 : pp. 160-161).

첫째, 자사의 경영자원이 국제적으로 이전가능한가를 고려해야 한다.

예를 들어 어떤 기업이 한국 내에서는 품질과 가격 면에서는 경쟁우위가 있다고 하나 전 세계적인 경쟁기업과 비교하여 그 우위가 크지 않다면 그 기업은 해외시장에 진출해서 성공할 확률은 희박하다고 볼 수 있다. 따라서 기업들은 자신이 갖고 있는 경영자원이 국제적으로도 이전가능하여 경쟁우위를 유지할 수 있는가를 냉철하게 검토해 보아야 할 것이다.

둘째, 글로벌 전략을 수립할 때에는 생산시설을 어디에 배치해야 할 것인가의 문제를 고려해야 한다. 글로벌 전략의 수립 시에는 생산활동을 여러 단계로 구분하고 개별생산활동을 전 세계적으로 가장 잘 수행할 수 있는 국가로 재배치하는 것이 중요하다.

셋째, 글로벌 전략을 수립하는 기업은 구체적인 진입시장의 선택이 중요하다. 즉, 다국적기업의 해외시장 진출을 고려할 때에는 먼저 자사의 핵심역량을 기준으로 보아 진출 후 해외자회사가 경쟁력을 가질 수 있는가 여부를 고려하여 진입시장을 선택해야 한다.

넷째, 앞서서 개별생산활동을 국가별로 분산하기로 결정한 이후, 그 국가에 어떠한 형태로 진입할 것인가를 결정하는 진입방법의 선택이다. 해외시장에 진출하는데에는 여러 가지 방법이 있는데 수출, 라이센싱과 같은 계약형태, 합작투자, 전략적 제휴, 인수·합병 등 여러 진입방법이 있을 수 있다. 다국적기업이 해외시장에 진출할 때에는 자사의 상황을 고려하여 적당한 진입방법을 고려하는 것이 가장 중요한 점 중 하나라고 할 수 있다.

마지막으로 국제적으로 시장진출을 한 후에 전 세계에 퍼져 있는 자회사들에 대한 통제와 조정을 어떻게 효과적으로 할 것인가가 글로벌 전략의 주요한 과제가 된다. 만약 다국적기업이 전 세계적으로 분산되어 있는 생산활동을 효과적으로 통제 하지 못하면 그 기업은 좋은 경영성과를 내기가 어려워진다.

(2) 다국적기업의 전략 유형

가. 현지화 전략

현지화 전략(multidomestic strategy)을 추구하는 기업들은 대체적으로 각국에 자회사를 설치해두고 자회사의 운영은 일임하기 때문에 본사(headquarters)와 자회사(subsidiary) 간의 긴밀한 협조는 없는 형태이다. 기업들은 최대한 현지화를 추구하기 위해서 국가별 전략을 추구한다. 국가별 전략을 추구하는 기업들은 자회사의 자율성(autonomy)이 높기 때문에 본사 입장에서는 통제가 힘들어진다. 국가별 전략을 구사하는 기업들은 제품의 생산과 마케팅 전략을 현지국가의 상황에 맞게 폭 넓게 맞춘다.

호텔산업 같은 경우는 국가마다 소득수준이 다르고 문화적 차이가 존재하기 때문에 국가별 전략을 추구하는 경우가 많다고 할 수 있다. 그러나, 특급호텔의 경우는 주요 고객들이 전 세계를 여행하며 활동하는 기업의 관리층에 있는 고객들이 많기 때문에 각국에서 오는 고객들에게 전 세계 어디를 가더라도 동일한 수준의 서비스를 제공할 수 있어야 하고 같은 수준의 만족을 줄 수 있어야 한다.

Hilton, Intercontinental 등과 같은 특급호텔들은 전 세계적인 예약시스템을 가지고 있으며 세계 어디를 가던지 같은 수준의 서비스를 제공할 수 있는 세계적인 체인망을 갖춘 호텔들이기 때문에 이런 특급호텔산업은 글로벌 전략을 취한다고 할 수 있다.

나. 글로벌 전략(global strategy)

본사가 전 세계적으로 주요한 몇 지역에 해외자회사를 설치하고 본사에서 자회사들을 강하게 통제하는 전략을 의미한다. 대부분의 한국과 일본의 다국적기업들이 글로벌 전략을 구사하고 있다고 할 수 있다. 다국적기업들이 글로벌 전략을 구사하게 되면 기업의 기능별로 여러 측면에서 규모의 경제를 이용하여 비용을 절감할 수 있는 장점이 있지만 현지화에 대한 압력이 강한 산업이나 시장에서는 적합하지 않은 전략이라고 할 수 있다.

다. 초국적 전략(transnational strategy)

초국적 전략이란 세계 여러 지역에 직접투자를 통하여 자회사를 설립한 후 강력한 통제로써 이들을 하나의 기업으로 묶는 전략을 의미한다. 초국적 기업은 지역적으로 멀리 퍼져 있으면서 동시에 자회사 간에도 아주 긴밀하게 협조하고 조정 시스템도 잘 형성되어 있다.

초국적 전략은 기업이 비용절감(cost reduction)과 현지화에 대한 대응(local responsiveness)에 대해서 높은 압력을 받을 때 적합한 전략이라고 할 수 있다. 초국적 전략을 추구하는 기업들은 동시에 저비용과 차별화의 장점도 성취하려 한다. 초국적 전략은 이렇게 매력적인 전략이지만 기업의 입장에서 현지화에 대한 대응과 비용절감을 동시에 추구하는 것은 쉽지 않다.

2) 해외시장 진입전략

다국적기업이 해외시장에 진입하는 방법은 여러 가지가 있는데 크게 수출과 계약에 의한 진입방법으로 분류할 수 있다.

먼저, 수출(export)은 해외시장으로 진출하는 가장 기본적이면서 간단한 방법으로 재화를 해외에 판매하는 활동을 말한다. 수출은 직접수출(direct export)과 간접수출(indirect export)로 분류할 수 있는데 직접수출은 기업 내부에 수출을 담당하는 부서를 두고 기업이 직접 수출업무를 수행하는 방식을 말하며, 간접수출은 국내의 종합무역상사, 외국인 바이어, 무역대리인과 같은 수출중개인을 통한 수출방법을 말한다.

계약에 의한 해외시장 진입방법에는 라이센싱, 프랜차이징, 계약생산, 관리계약, 턴키계약 등이 있다. 먼저, 라이센싱(licensing)이란 해외진출기업이 투자대상국의 기업에게 일정한 계약하에서 제품을 생산하도록 하고, 판매 및 마케팅은 해외진출기업이 직접 담당하는 형태를 말한다. 라이센싱을 하는 목적은 진출예정국에 수출이나 직접투자에 대한 무역장벽이 존재할 경우, 수송비가 비싸거나 국가간에 상품을 이동하는데 많은 비용이 소요되는 경우, 기술과 서비스와 같이 이전방법이 복잡하거나 이전비용이 많이 소요되는 무형자산의 경우, 투자국의 정치적 위험이 큰 경우 등이다.

라이센싱의 단점으로는 자사 브랜드나 기술에 대한 통제의 어려움, 자사가 현지에서 직접 생산활동이나 마케팅활동을 하는 경우에 비해서 작은 이익 실현, 잠재적 경쟁자의 양산, 유연성 측면에서의 제약 등이 있다.

계약에 의한 해외시장 진입방법 중 프랜차이징(franchising)은 라이센싱의 한 형태이지만 라이센싱보다 훨씬 강한 통제가 가능하다. 라이센싱이 기술이나 브랜드만을 일정 기간 공여하는 것에 비하여 프랜차이징은 품질관리, 경영방식, 마케팅 지원 등 프랜차이징 공여기업(franchisor)과 프랜차이징 수여기업(franchisee)을 직접적으로 관리하거나 통제한다.

호텔산업도 프랜차이징 형태로 운영되는 대표적인 업종이라고 할 수 있다.

프랜차이징의 장점은 적은 자본으로 해외시장 확대가 가능한 점과 마케팅의 표준화, 프랜차이징 수여기업에 대한 동기부여 등이 있다. 반면에 프랜차이징의 단점으로는 기술이나 브랜드에 대한 통제가 어렵다는 점과 잠재적인 경쟁자를 양산할 수 있다는 점을 들 수 있다.

그 밖에 계약에 의한 해외시장 진입방법은 계약생산, 관리계약, 턴키계약 등이 있다.

첫째, 계약생산(contract manufacturing)이란 해외진출기업이 투자대상국의 기업에게 일정한 계약하에서 제품을 생산하도록 하고, 판매 및 마케팅은 해외진출기업이 직접 담당하는 형태를 말한다.

둘째, 관리계약(management contract)이란 계약에 의해 한 기업이 외국의 특정기업의 경영활동을 대신 수행해주고 그 대가를 받는 형태이다. 마지막으로 턴키계약(turnkey contract)이란 일반적으로 공장이나 여타 생산설비를 가동 직전까지 준비한 후 인도해주는 방식을 말한다.

3 | 국제관광 마케팅

1) 국제관광의 이해

(1) 국제관광의 개념

국제관광에 대한 여러 가지 정의들이 있지만 일반적으로 국제관광(international tourism)이란 관광자가 자기 나라를 떠나 다시 돌아올 예정으로 다른 나라의 문물 · 제도 · 경관 등을 감상 · 유람할 목적으로 여행하는 것을 말한다. 국제관광에 대한 다른 학자들과 국제관광기구들의 정의를 살펴보면, WTO(World Tourism Organization: 세계관광기구)는 국제관광을 "즐거움 · 위락 · 휴가 · 스포츠 · 사업 · 친지 · 업무 · 회의 · 건강 · 연구 · 종교 등을 목적으로 방문국에서 최소한 24시간 이상 1년 이하 체류하는 행위"로 정의하고 있다.

또한 OECD(Organization for Economic Cooperation and Development : 경제개발협력기구)는 국제관광을 "인종 · 성별 · 언어 · 종교 등에 관계없이 외국의 영토에서 24시간 이상 6개월 이내로 체류하는 것"으로 정의하고 있다. 국내학자들 중 김진섭은 국제관광을 "인간이 자국의 국경을 넘어 다시 자국으로 돌아올 목적으로 외국의 문물 · 제도 · 관습 · 산업 등을 관람 · 시찰하거나 풍경 등의 감상 · 유람을 목적으로 여행하는 것"이라고 정의하였다(김진섭, 1996: p. 163).

위의 여러 국제관광기구와 학자들의 정의와 같이 국제관광은 한 마디로 말해서 국경을 넘어서 일어나는 관광행위로 국내관광과는 구별된다고 할 수 있다.

(2) 국제관광의 범위

가. 인적 범위

국제관광에 관련한 최초의 공식적 정의는 1937년 "국제연맹 통계전문가위원회"에서 내린 것으로, 국제관광자란 "적어도 24시간 이상 동안 자신의 일상거주지를 떠나 다른 나라를 방문하는 사람"으로 다음과 같은 목적으로 여행하는 사람을 국제관광자의 범주에 포함시키고 있다(최승이 · 이미혜, 2001, p.28).

- 즐거움 · 가족 · 건강 등을 위해 여행하는 사람
- 회의 또는 과학 · 행정 · 외교 · 종교 · 운동 등의 대표자격으로 여행하는 사람
- 사업상의 이유로 여행하는 사람
- 24시간 미만 체재하는 사람이라도 해양선박으로 여행 중에 도착한 사람

한편 다음의 목적으로 여행하는 사람은 관광자의 범주에서 제외시키고 있다.

- 직업을 얻기 위해 또는 그 나라에서 어떤 사업활동에 종사하기 위해 도착한 사람
- 그 나라에 거주지를 마련하기 위해 도착한 사람
- 유학생 또는 단기연수생
- 국경지역 주민 또는 인접지역에 거주하면서 국경을 넘어 통근하는 사람

한편 UN은 1977년 국제관광자를 "일상거주지 외의 나라에 보수를 받는 이외의 목적으로 방문하여 1박 이상 1년 미만 동안 육상의 숙박시설에서 체재하는 사람"으로 정의하였다. 또한 방문자를 국제관광자(또는 체재방문자)와 당일방문자로 구분하였는데, 국제관광자(또는 체재방문자)는 육상의 숙박시설에서 최소한 1박 이상 체재하는 사람을 의미하고, 당일방문자는 선박여행 방문자와 육상의 숙박시설을 이용하지 않는 육상 · 항공교통을 이용하여 입국하는 기타 당일 방문자를 의미한다. 한편 WTO는 1984년 발표한 보고서에서 국제관광자를 정의하였는데, 대체로 위

에서 언급한 UN의 정의를 따르고 있으며, 다만 여행자를 상위개념으로 설정하여 관광자와 당일방문자로 구분하였다. 또한 국제관광자의 범주를 출 · 입국으로 분류한 후 다시 거주자와 비거주자로 구분하였다.

아래에서 언급된 여러 가지 기준으로 살펴볼 때, 국제관광자란 취업이나 이주이외의 목적으로 자기 나라를 떠나 24시간 이상 1년 이내의 기간 동안 다른 나라의 관광지를 방문하거나 체재하는 사람이라고 정의할 수 있다.

나. 공간적 범위

국제관광의 공간적 범위는 자국민이 외국을 방문하는 행위와 자국의 영토 내에서 이루어지는 외국인의 관광행위뿐만 아니라 이국인이 다른 나라를 방문하는 행위도 포함된다. WTO는 국제관광을 지역별로 구분하기 위해 세계를 동아시아와 태평양국가, 유럽, 아메리카, 남아시아, 중동, 아프리카 등 6개 지역(region)으로 나누고, 이를 다시 동아프리카, 중앙아프리카, 북아프리카, 남아프리카, 서아프리카, 카리브해, 중앙아메리카, 북아메리카, 남아메리카, 동아시아, 중앙아시아, 동남아시아, 서남아시아, 남아시아, 서아시아, 동유럽, 북유럽, 남유럽, 서유럽, 오스트레일리아와 뉴질랜드, 폴리네시아 등 21개 소지역(sub-region)으로 세분하고 있다(한국관광공사, 1989 : pp. 32~34 ; 최승이 · 이미혜, 2001 : p. 36 재인용).

(3) 국제관광의 발전요인

가. 경제적 요인

세계경제동향이 국제관광에 미치는 영향은 대단히 크다고 할 수 있다. 세계경제동향이 침체되면 관광소비자들의 구매심리 위축과 유효수요 부족으로 국제관광시장도 침체되고, 세계경제동향이 활발하면 국제관광도 발전하게 된다.

나. 사회 · 문화적 요인

국제관광 발전요인 중 사회 · 문화적 요인은 인구통계적 요인, 기술적 요인, 교통수단의 발달, 여가시간의 증대 등을 꼽을 수 있다. 인구통계적 요인이란 인구규모의 증대와 평균수명의 증가 등을 의미한다. 인구규모의 증대와 평균수명의 증가는 관광총량의 증가로 이어진다. 기술적 요인이란 기술의 발전이 국제관광에 미치는 영향을 의미하는데, 예를 들면 CRS(Computer Reservation System)와 인터넷의 일반화로 인해 소비자들은 신속하고 정확한 정보를 제공받을 수 있다. 기술의 발전은 여가시간의 증대와는 밀접한 관계가 있는데, 기술의 발전은 생산성 향상으로 이어진다. 이로 인해 노동자들은 노동시간이 감소되고, 노동자들의 노동시간 감소는 여가시간의 증대로 이어져 국제관광을 촉진시키는 역할을 하게 된다.

또한 항공산업을 중심으로 급속하게 발전한 교통수단도 국제관광의 가장 중요한 발전요인 중 하나가 되었다.

(4) 국제관광의 장애요인

OECD(Organization for Economic Cooperation and Development : 경제협력개발기구)의 관광위원회는 국제관광의 발전을 위해 다음과 같은 장애요인들을 제거할 것을 권고하고 있다. OECD의 권고에 따르면 국제관광을 저해하는 요인을 크게 관광자 개인에게 영향을 주는 장애요인, 여행사에 대한 장애요인, 교통사업에 대한 장애요인, 숙박업체에 대한 장애요인, 기타 장애요인으로 분류하고 이를 다음과 같이 41개 항목으로 세분화하였다.

관광자 개인에게 영향을 주는 장애요인

① 자국에서의 제약

ⓐ 국외관광자에 대한 통화소지 제약

ⓑ 관광서류 발급상의 조건과 절차의 복잡성과 까다로움(여권 · 비자 발급의 제한)

ⓒ 귀국하는 관광자에 대한 세관의 허용량 규제

ⓓ 국외관광에 대한 제한(목적, 연령, 횟수, 방문국가의 정치이념)

② 관광수용국에서의 제약

ⓐ 외래관광자에 대한 통화소지 제한

ⓑ 입국사증 · 서류심사 · 체류기간의 제한

ⓒ 자동차 · 유람선 기타 교통기관으로 입국하는 경우에 공식적인 절차의 복잡성

ⓓ 국제운전면허증 · 자동차보험 등의 통용가능성에 대한 공식적인 제한절차

ⓔ 자국민이 아닌 자의 국내재산에 대한 제한

ⓕ 외래관광자에게 부과하는 세금

여행사에 대한 장애요인

③ 외국인 투자나 공동참여상의 제한

④ 외국인회사의 자국지사나 자회사 설립에 대한 제한

⑤ 여행전문업 운영에 있어서 외국인에게 차등이나 직접 운영하기 곤란하도록 만든 자격기준의 적용

⑥ 외국인임원과 외국인의 고용에 대한 제약

⑦ 경영자격 획득의 곤란

⑧ 자금의 국내유입 및 국외유출에 따른 자금전환과 관련된 사항

⑨ 비설립외국인회사나 자국 내에서 설립된 중간매개회사를 통하지 않고 고객에게 직접 광고나 판촉 또는 판매하는 행위에 대한 제한

⑩ 위와 같은 항목에 대하여 EU국가에서의 EU국가와 비EU 국가 간의 차별

교통사업에 대한 장애요인

⑪ ~은 여행사에 대한 장애요인의 ③~⑩과 같음.

⑫ 자국소유가 아닌 항공사 · 자동차 · 철도 · 크루즈선박에 대한 제한

⑬ 자국방문자의 외국항공사나 선박 이용에 대한 제한

⑭ 항공기 이착륙수수료, 세금 또는 공항세에 있어서의 제한

⑮ 상대방 자격에 대한 상호 인식부족

⑯ 자국항공사나 페리 서비스종사원 자격에 대한 정부의 요구

⑰ 자국항공사나 철도회사에 적용하는 특별운송조건과의 차별대우

⑱ 예약 시스템으로의 접근 규제

숙박업체에 대한 장애요인

⑲ ~은 여행사에 대한 장애요인의 · 과 동일

⑳ 필수품 수입상의 제약

㉑ 자국회사의 계약상의 요구조건

㉒ 외국참여회사에 대한 세금제도의 차별대우

㉓ 외국인에 대한 소유제한과 외국인의 자본보유나 자본분배에 따르는 증권에 관계된 문제들의 제한

㉔ 예약 시스템으로의 접근상의 규제

기타 장애요인

㉕ 건강진단과 소비자보호 등의 규정에 대한 차별대우

㉖ 중앙정부나 지방자치조직 또는 중개인을 이용할 의무

㉗ 기타 장애요인들

국제관광의 발전요인과 장애요인에 대한 연구들 중 최승이 · 이미혜(2001 : p. 137)는 국제관광의 발전요인과 장애요인에 대한 연구에 있어서 앞으로의 연구방향은 발전요인과 장애요인을 상호 독립적인 요인으로 분석할 것이 아니라 상호관계와 양면성을 전제로 접근해야 한다고 주장하였다. 또한 고석면 외(2001 : pp. 363~364)는 국제관광의 발전요인과 장애요인을 다음과 같이 국가별로 분류하였다.

(5) 국제관광효과

국제과광활동으로 인하여 특정한 국가나 지역에서 일어나는 변화라고 말할 수 있는데, 크게 경제적 효과와 사회적 효과 및 문화적 효과 3가지로 나누어볼 수 있다.

가. 경제적 효과

국제관광의 경제적 효과(economic effect)란 국가 간 관광자의 이동에 따라 관광송출국과 관광수용국의 경제현상에 미치는 여러 가지 영향이라고 할 수 있다.

경제적 효과는 직접효과 · 간접효과 · 유발효과로 나누어볼 수 있다. 먼저 직접효과는 관광자가 최초로 지출한 비용이 관광송출국과 관광수용국의 국민경제에서 직접적으로 관광산업부문에 창출하는 경제적 효과를 의미한다.

예를 들어 국제관광자의 최초의 지출은 항공사 · 호텔 · 여행사 등 관광산업부문을 통해서 이루어지게 되는데, 이렇게 관광산업부문을 통해서 직접적으로 이루어지는 경제적 결과를 직접효과라고 한다.

간접효과는 국제관광자의 지출로 인해서 간접적으로 영향을 받는 산업부문에서 소득과 고용이 창출되는 것을 의미한다. 예를 들어 국제관광자가 항공사에 지출한 비용 중 일부를 항공사는 연료비로 정유사에 지급하게 되는데, 항공사와 정유사 사이에는 직접적인 관계가 형성되지만, 국제관광자와 정유사의 관계는 간접적인 관계가 형성된다. 이와 같이 국제관광자의 지출로 인해 간접적으로 영향을 받는 산업부문에서 소득과 고용이 창출되는 것이 간접효과이다.

한편 유발효과란 국제관광자의 지출증가로 인한 관광목적지의 수입증가로 가계부문의 소득이 증가함에 따라 소비지출의 규모가 증가하게 되고, 이러한 소비지출 증가가 한 국가 또는 지역의 다른 산업의 매출액증가와 고용기회의 창출 등 지역경제를 활성화시키는 것을 의미한다(최승이 · 이미혜, 2004 : p. 146). 특히 국제관광은 관광수용국의 국제수지개선에 크게 기여하는 효과를 발생시킨다.

나. 사회적 효과

국제관광의 사회적 효과는 관광자 간의 국가 간 이동으로 인한 관광수용국 사회구조의 변화를 의미한다. 어떤 지역이 국제관광의 목적지로 발전하게 되면 그 지역 산업구조의 변화를 수반한다. 이러한 산업구조의 변화는 인구구조의 변화를 가져오게 된다. 인구구조의 변화에는 인구이동에 따른 인구의 양적 증감을 나타내는 인구규모의 변화, 성별 · 연령 · 학력 등과 같이 인구의 특성을 나타내는 인구구성의 변화, 인구의 공간적 정주상태를 나타내는 인구분포의 변화 등이 있다.

또한 국제관광은 관광송출국과 관광목적국의 상호작용으로 인해 개인 및 지역사회에서 소비양식의 변화를 가져오게 한다. 외부로부터 새로운 소비양식이 도입되면 단기적으로 갈등을 일으키기도 하지만, 기존의 소비양식과 양립하거나 기존의 소비양식을 변화시킨다.

마지막으로 국제관광은 사회문제를 증가시킬 수 있다. 국제관광에 따른 사회문제란 관광목적지 주민과 관광자 사이의 상호작용으로 사회구조에 미치는 일탈행위를 의미하는데, 여기에는 범죄 · 도박 · 매춘 등이 있다.

다. 문화적 효과

호텔관광은 현지문화 · 관광자문화 · 수입문화의 3개 문화가 접촉해서 새로운 호텔관광문화로 형성된다. 현지문화란 관광자를 받아들이는 문화, 즉 관광수용국의 독특한 문화를 말한다. 관광자문화란 관광자가 관광도중 행하는 생활방식을 의미하며, 수입문화란 관광자의 자국문화를 의미한다.

국제관광은 이질성이 있는 문화가 상호작용하는 과정이므로, 국제관광으로 인한 문화적 영향은 관광목적지의 문화에 많은 영향을 미친다. 문화의 변동은 문화전파 · 문화접변 등을 통해서 이루어지는데, 먼저 문화전파란 한 문화의 요소나 특성 등 문화가치가 다른 문화로 번져 나가는 것을 의미한다. 문화접변이란 이질적인 문화가 직접적인 접촉을 통하여 하나의 문화 또는 접촉이 이루어진 문화 모두가 변화하는 과정을 의미한다.

2) 국제호텔 관광마케팅의 개념

국제호텔 관광마케팅은 국제 간에 있어서 변화하는 여건과 관련하여 소비자인 국제관광객(개인 혹은 단체)의 만족을 최적화하기 위해 NTO나 관광기업이 국제적인 차원에서 대상시장에 대한 조사 · 분석 · 계획 · 집행 · 통제를 행하는 체계적이고 통합된 시장활동이라고 정의할 수 있다(박상수, 2004: p. 388).

일반적으로 국제관광 마케팅활동이라 함은 자국민들의 해외여행 촉진을 위한 아웃바운드(outbound) 마케팅을 의미하는 것이 아니라 외국인들이 자국을 관광하는 인바운드(inbound) 마케팅을 의미하는 것이다.

3) 국제호텔 관광마케팅의 절차

(1) 국제관광 시장조사

국제마케팅 활동의 가장 우선되는 절차는 시장조사(market research)이다. 시장조사의 대상이 외국인 또는 외국의 환경이기 때문에 시장의 특성에 대한 정확한 인식이 없이는 시장조사는 무의미해지고 만다. 즉, 국제관광에 있어 시장조사는 국제관광 수요시장의 환경 및 관광동향을 조사하고 연구하여 관광객이 무엇을 원하는지를 찾아내는 것이다. 국제관광환경은 국내관광환경과 달리 매우 다양하고 복잡하기 때문에 각각의 시장 특성을 파악하는 것이 중요하다.

(2) 국제호텔 관광시장 마케팅계획

국제호텔 관광마케팅에 있어서 두 번째 절차는 국제관광시장 마케팅계획을 수립하는 것이다. 이는 잠재관광객이 모여 있는 특정시장을 목표로 하여 마케팅목표를 명시하고, 이에 따른 수단을 활용하여 시간과 장소 및 노력에 따라 추진되어야 하는 시장활동의 예측계획을 의미한다. 마케팅계획은 기업경영활동의 미래지향적 설정을 의미하는 것으로서 목표의 설정과 기본계획의 수립 및 계획의 평가 등의 절차로 진행된다.

(3) 국제호텔 관광시장 마케팅활동

국제호텔 관광시장의 마케팅활동으로는 국제관광시장의 촉진활동을 들 수 있는데, 이는 대상의 해외시장에 대하여 관광시장 · 관광대상 · 관광특성 · 관광시설 등에 대하여 정확한 지식을 제공하고 독특한 관광매력을 전파시킴으로써 고객에게 관광동기를 일으키게 하고 관광의욕을 자극시키는 각종 촉진활동을 실시하는 것을 의미한다(박상수, 2004 : pp. 389~401 재작성).

사례

중국 "쑤저우 신라" 오픈하는 신라 이만수 사장

"해외체인 10년 내 200개 만들 것"

호텔 사업은 흔히 성장성이 낮은 업종으로 분류된다. 수익을 내는 객실과 식당의 규모가 정해져 있는 데다, 시장이 포화상태에 있어 신규 투자 위험이 크기 때문이다. 특히 포시즌스, 하얏트, 힐튼, 메리어트 등 유명 호텔 브랜드들이 세계 시장의 대부분을 장악하고 있어 국내 브랜드가 해외 시장에 파고들 여지가 많지 않다. 이런 상황에서 국내 토종 브랜드인 신라호텔이 호텔 브랜드로는 처음으로 중국 시장에 진출했다. 신라호텔은 1일 중국 쑤저우에서 5성급인 '쑤저우 신라호텔'을 공식 오픈했다. 객실 308개, 식당 4개, 컨퍼런스홀 1개, 회의실 9개를 갖춘 이 호텔은 현지 투자 개발회사인 젠웨이가 올해 4월 완공한 것으로, 신라호텔이 20년간 위탁 경영을 하게 된다.

신라호텔은 위탁경영 수수료로 초기 4년간은 매출액의 4%, 이후에는 8%를 받는다. 호텔 측은 경영이 정상화되는 2010년 이후에는 매년 5~10억 원의 수수료 수입을 올릴 것으로 전망했다.

이 호텔은 큰 호수와 인접해 있어 경관이 뛰어나고 쑤저우 공업단지 중심에 위치해 발전가능성도 높다. 다만 설계와 시공을 현지 건설업체가 맡아 보완이 필요한 곳이 많다는 게 신라호텔의 분석이다. 쑤저우 현지에서 만난 이만수(57) 사장은 "대규모 투자없이 중국에서 최고급 호텔 경영 노하우를 배울 수 있게 된 것은 큰 기회"라며 "현재 상하이, 톈진, 칭다오, 마카오 등 4곳에서도 추가적인 위탁경영 협상을 진행하고 있다"고 밝혔다.

그는 "삼성전자 등 삼성 계열사들이 대거 진출해 있는 중국과 인도 시장에서 2015년까지 200개의 호텔 체인을 운영해 신라호텔을 세계적인 브랜드로 육성하는 것이 목표"라며 "해외사업 비중을 50% 이상으로 높여나갈 계획"이라고 강조했다. 이 사장은 또 "호텔 주변에 피트니스 클럽, 유통센터, 건강 클리닉 등을 함께 운영해 일대를 '신라 문화타운'으로 만들 예정"이라며 "신라호텔의 성장이 '삼성'의 브랜드 파워를 높이는

데도 기여할 수 있을 것"이라고 자신했다. 국내 호텔 경영과 관련해서는 '효율'과 '이익 중심 경영'을 강조했다. 이 사장은 "재무, 총무, 홍보 등을 포함한 모든 부서가 수익을 낼 수 있도록 '발상의 전환'을 유도하고 불필요한 인력 수요를 줄여 조직의 효율성을 높이는 것을 최우선 과제로 삼고 있다"고 밝혔다.

이건희 삼성그룹 회장의 장녀인 이부진 신라호텔 상무에 대해서는 "밤잠을 줄여가며 세부적인 일까지 직접 챙길 정도로 호텔 사업에 대한 안목과 열정이 대단하다"고 평가했다.

자료 : 동아일보, 2006년 7월 10일

참·고·문·헌

강신겸 외, 동북아관광지도와 한국의 선택, 삼성경제연구소, 2005.

고석면 외, 관광정책론, 대왕사, 2001.

김광근 외, 관광학원론, 백산출판사, 2004.

김도희, 관광학개론, 백산출판사, 2003.

김성용, 관광마케팅, 기문사, 2006

______, 여행사경영론, 기문사, 2006

______, 서비스경영전략, 기문사, 2009.

______, 호텔관광인적자원관리, 백산출판사, 2010.

김성혁, 관광마케팅의 이해, 백산출판사, 2000.

김영규, 여행사경영과 실무, 대왕사, 2001.

______, 여행사실무론, 대왕사, 2003.

김인수, 거시조직이론, 무역경영사, 2005.

김재원, 항공사경영론, 기문사, 2004.

김종의 외, 마케팅, 형설출판사, 2003.

김진섭, 관광학원론, 대왕사, 1996.

문준연, 마케팅원론, 명경사, 2003.

박기홍 외, 디지털경제와 인터넷혁명, 을유문화사, 2000.

박상수, 국제관광원론, 형설출판사, 2004.

박호표, 신관광학의 이해, 학현사, 2004.

박흥수 · 하영원, 신제품마케팅, 학현사, 2004.

변우희 · 최학수. 노정철, 실전관광사업론, 형설출판사, 2002.

사단법인 한국마케팅연구원, 마케팅 실천성공살례집II, 2002.

신강현 · 강인숙, 호텔경영학개론, 기문사, 2006

신혜숙, 호텔 · 관광마케팅, 대왕사, 2004.

안광호 · 김동훈 · 김영찬, 시장지향적 마케팅전략, 학현사, 2005.

양영종 · 김상훈 · 정걸진, 디지털시대 광고론, 형설출판사, 2003.

양창삼, 조직이론, 박영사, 1990.
원융희 · 박충희 · 이창욱, 최신관광인사관리, 백산출판사, 2004.
이명식, 서비스마케팅, 형설출판사, 2004.
이문규 · 안광호 · 김상용, 인터넷마케팅, 법문사, 2004.
이원우 · 서도원 · 이덕로, 경영학원론, 박영사, 2000
이우용. 정구현. 이문규, 마케팅원론, 형설출판사, 2003.
이유재, 서비스마케팅, 학현사, 2004.
이정실, 외식기업경영론, 기문사, 2002.
이정학, 관광마케팅, 기문사, 2003.
이철 · 장대련, 국제마케팅, 학현사, 1999.
임창희, 조직행동, 학현사, 2001.
장대련 · 한민희, 광고론, 학현사, 2002.
장세진, 경영전략, 박영사, 2003.
장세진, 글로벌경영, 박영사, 2004.
전용욱 외, 국제경영, 문영사, 2003.
정규엽, 호텔 · 외식 · 관광마케팅, 연경문화사, 2004.
주민영 외, 삼성경제연구소, 2011.
채서일, 마케팅, 학현사, 2004.
최승이 · 이미혜, 국제관광론, 대왕사, 2001.
최태광, 관광마케팅, 백산출판사, 2002.
한상만 · 하영원 · 장대련, 마케팅전략, 박영사, 2004.
황규대, 전략적 인적자원관리, 박영사, 2008.
황현철 · 김규헌 · 윤정헌, 21세기 여행업경영론, 기문사, 2003.

Aaker, David A., Strategic Market Management, 6th ed., John Wiley, 2001.

American Marketing Association, "AMA Board Approves New Marketing Definition," Marketing News, March 1, 1985.

Barlett, C. and S. Ghoshal, Managing Across Borders, Harvard Business School Press, 1989.

Berry, Leonard L, A. Parasuraman, and Valarie A. Zeithmal, "Understnading Customer Expectations of Services", Sloan Management Review, 1991.

De la Sierra, M. Cauley, Managing Global Alliance: Key Steps for Successful Collaboration, Addison Wesley, 1995.

Garvin, David A, "Competing on the Eight Dimensions of Quality", Harvard Business Review, November/December, 1987.

Hofstede, Geert, "National Culture in Four Dimensions: A Research Theory of Cultural Differences Among Nations", International Studies of Management and Organization, 13, Spring-Summer, 1983.

Lovelock and Christopher H., "Classifying Services to Gain Strategic Marketing Insight", Journal of Marketing, 47(Summer), 1983.

Kotler, P. and G. Armstrong, Principle of Marketing, 9th ed., Prentice-Hall, Inc., 2001.

Kurtz, David L. and Kenneth E. Clow, Service Marketing, John Wiley and Sons, 1998.

Miles, R. E. and C. C. Snow, Organizational Strategy, Structure and Process, McGraw-Hill, 1978.

Parasuraman, A., Valarie A. Zeithmal, and Leonard L. Berry, "A Conceptual Mode of Service Quality and Its Implication the Future Research", Journal of Marketing, Fall, 1985.

Porter, Michael, "Competition in Global Industries, Harvard Business School Press, 1986.

Robertson, Thomas S., Innovative Behavior and Communication, Holt Rinehart and Winston, Inc., 1971.

Root, Franklin R., Entry Strategies for International Markets, Lexington Books, 1994.

Shostack, G. Lyun, "Breaking free from Product Marketing", The Journal of Marketing, April 1977.

Terpstra, V., International Marketing 3rd ed., Hinsdale, Dryden Press, 1988.

Zeithmal, Valarie A. and Mary Jo Bitner, Service Marketing, McGraw-Hill Co., 1996..

Bartlett, C.A., and Ghoshal, S.(1989). Managing Across Borders. The Transnational Solution, Boston, MA: Harvard Business School Press.

Birkinshaw, J.M. and Morrison, A.J.(1995). Configurations of strategy and structure in subsidiaries of multinational corporations. Journal of International Business Studies, vol. 26, pp.729-754.

Brooke, M.Z.(1984). Centralization and autonomy. A study in organization behavior, London and New York: Holt, Rinehart and Winston.

Child, J.(1973). Strategies of control and organization behavior, Administrative Science Quarterly, vol. 18(March), pp.1-17.

Garnier, G.(1982). Context and decision making autonomy in the foreign affiliates of U.S. multinational corporations, Academy of Management Journal(December), pp.893-908.

Gates, S.R. and Egelhoff, W.G.(1986). Centralization in headquarters-subsidiary relationships, Journal of International Business Studies, vol. 17(Summer), pp.71-92.

Gong, Yaping(2006). The impact of subsidiary top management team nationality diversity on subsidiary performance: Knowledge and legitimacy perspectives, Management International Review,vol.46, pp.771-789.

Ghoshal, S. and Bartlett, C.A.(1988). Creation, adoption and diffusion of innovations by subsidiaries of multinational corporations, Journal of International Business Studies, vol.19, pp.365-388.

Gupta, A.K., Govindrajan, V.(1991). Knowledge flows and the structure of control within multinational corporations, Academy of Management Review, 16(4), 768-792.

Harzing, A.W.K.(1999). Managing the multinationals: an international study of control mechanism, Northampton, MA: Edward Elgar.

Holm, U. and Pedersen, T.(2000). The emergence and impact of MNC centers of excellence. Mcmillan: Basingstoke, Hampshire.

Jakobsen and Rusten(2003). The autonomy of foreign subsidiaries. An Analysis of headquarter-subsidiary relations, Norwegian Journal of Geography, vol. 57, pp.20-30.

Jarillo, J.C. and Martinez, J.I.(1990). Different roles for subsidiaries: the case of multinational corporations in Spain, Strategic Management Journal, vol.11, pp.501-512.

Kought,B. and Sing H.(1988). The effect of culture on the choice of entry mode, Journal of International Business Studies, vol.19, pp.411-432.

Martinez, J.I. and Jarillo, J.C.(1989). The evolution of research on coordination mechanism in multinational corporation, Journal of International Business Studies, vol. 20, No. 3, pp.489-514.

O'Donnell, S. W.(2000). Managing foreign subsidiaries: agents of headquarters, or an interdependent network? Strategic Management Journal, 21, pp.525-548.

Subramaniam and Watson(2006). How interdependence affects subsidiary performance, Journal of

Taggart, J.(1997). Autonomy and procedural justice: A framework for evaluating subsidiary strategy, Journal of International Business Studies, 28(1), pp.51-76.

Taggart, J. and Hood, N.(1999). Determinants of autonomy in multinational corporation subsidiary, European Management Journal, 17, pp.226-236.

Woodcock, C.P., Beamish, P. and Makino, S.(1994). Ownership-based mode strategies and international performance, Journal of International Business Studies, vol.25, No.2, pp.253-273.

Young, S. and Tavares, A.T.(2004). Centralization and autonomy: back to the future, International Business Review, 13, pp.215-237.

찾·아·보·기

【ㅈ】

【ㅊ】

저·자·소·개

■ 김 성 용

- George Washington University 테크노경영학(석사)
- 홍익대학교 대학원 경영학과 박사과정 수료(경영학박사)
- 홍익대학교 경영학과 출강

현) 한국관광대학 호텔경영과 교수

호텔관광마케팅

2012년 2월 20일 초 판 발행
2018년 2월 20일 1판 3쇄 발행

저 자 김 성 용
발행인 한 인 환
발행처 도서출판 **기 문 사**
등 록 1978. 8. 9. NO. 6-0637
주 소 서울시 동대문구 안암로 50-1(용두동) 홍신빌딩 3층
전 화 02) 2265-7214/922-8662~8663
팩 스 02) 922-8772

homepage : www.kimoonsa.co.kr
e-mail : book@kimoonsa.co.kr

ISBN : 978-89-7723-778-0 93980

정가 : 20,000원

저자와의 협의하에 인지생략